SEXO, EROS, MATRIMONIO

JESÚS MARIO MURILLO

Order this book online at www.trafford.com
or email orders@trafford.com

Most Trafford titles are also available at major online book retailers.

Note for Librarians: A cataloguing record for this book is available from Library and Archives Canada at www.collectionscanada.ca/amicus/index-e.html

Printed in Victoria, BC, Canada.

ISBN: 978-1-4251-8416-2

Our mission is to efficiently provide the world's finest, most comprehensive book publishing service, enabling every author to experience success. To find out how to publish your book, your way, and have it available worldwide, visit us online at www.trafford.com

Trafford rev. 8/21/2009

 www.trafford.com

North America & international
toll-free: 1 888 232 4444 (USA & Canada)
phone: 250 383 6864 ♦ fax: 812 355 4082

RECONOCIMIENTOS

A mi esposa, María Cristina

y a mis queridos hijos, Lina María

y Bernardo Gabriel Murillo

Jesús Mario Murillo

ÍNDICE

PRÓLOGO

Las palabras que prologan este escrito, se dirigen a su escritor y a su futuro lector.

Se trata de prologar las letras de un hombre que en su intención de responder a una de las preguntas estructurales de nuestra humanidad entre otras: El padre, la mujer, la muerte, hace suceder sus líneas desde el campo del saber teológico al de el testimonio de un poner en práctica su credo.

Ya que si de prólogo se trata, busco la benevolencia del lector que se introduce en éste.

Propongo una trilogía a esta -guía- Sexo, (la mujer), Eros (tánatos), Matrimonio (el padre).

Y pues de trilogía se trata Nexus-plexus-sexus puede hacer serie.

También pensé en otra que no deja de tener su peso: goce-deseo-amor.

Quisiera comentar en primer lugar lo contraproducente a pesar de lo moderno de esta palabra. Guía.

Señalaba al autor mi recuerdo de la Guía de los Perplejos de Maimónides. Ha de destacarse que era otra época y otro su interlocutor. Si bien la pregunta roza con la intención de la presente obra.

Guía también hoy resuena a los manuales, prète a porter, rutas Michelle, guía del ocio. Que en su furor informativo hablan de todo y nada.

Preferiría llamarlo mejor testimonio, ya que el

escritor haciendo uso de las palabras que califica de común sentido, es decir, las que supone compartir con los otros, expone desde sus elucubraciones teológicas, cómo es que él pudo anudar el sexo- Eros-matrimonio.

La calificación de testimonio deja, me parece, al lector hacer de interlocutor del escritor, apartándose éste de la transmisión de una doxa, se expone y expone la coherencia de su pensamiento y la tramitación que hizo de las formas de hacer con el Otro sexo, la pulsión y los ordenamientos de la cultura.

Sepa el lector tomar distancia y aprender lo que entienda como enseñanza.

JOSÉ FERNANDO CASTILLO MURILLO
Psicoanalista, Barcelona, mayo de 2005

INTRODUCCIÓN

La primera edición de este libro apareció en Septiembre 1974 en la imprenta de la Universidad Pedagógica y Tecnológica de Colombia en Tunja. Resultado de la conferencia semanal dada a los alumnos en el curso prematrimonial, como Profesor de Orientación Universitaria de la dicha Universidad. Los alumnos dieron el título al libro.

La edición se agotó gracias a la acogida entre estudiantes y sacerdotes que presentaban estos Cursos a las parejas COMO UNA GUIA DE PREPARACIÓN AL MATRIMONIO.

Al presente hago esta nueva con la valiosa experiencia de estar casado, tener dos hijos, y haber aprendido en la práctica el ser esposo y padre.

Obviamente la vida matrimonial me ha enseñado el arte de amar.

Vivo lo que enseño. Y tengo la valiosa colaboración de los míos.

He seguido los principios de la ley moral universal, y del Cristianismo en particular, sin descuidar los estudios que se han realizado en estos últimos años sobre la vida sexual y el laberinto de complicaciones de la vida conyugal. Contando con los valores familiares, tengo que hacer resaltar los tabúes y el silencio dañoso que se ha creado con respecto al sexo en las familias tradicionales.

Los conflictos de la pareja comienzan por falsos

conceptos. Se cree que el ser humano está dividido como en compartimientos. Considerar al "hombre" como un compuesto de cuerpo y alma, conduce a falsas conclusiones, como el desprecio del cuerpo. Se adopta la vieja doctrina maniquea de considerar el cuerpo como el principio del mal y el alma como principio del bien. Si dividimos al HOMBRE, lo matamos. Debemos recordar que la Biblia dice que Dios creó al hombre y a la mujer a su imagen y semejanza. Por tanto son buenos. Y así como Dios es tridimensional, así es el ser humano. Y la familia es tridimensional: El padre, la madre y el hijo. Así decimos que el amor humano es tridimensional: "Físico, Psicológico y Espiritual".

De ahí el título del libro: "SEXO, EROS, MATRIMONIO".

ESQUEMATIZACIÓN DEL TRABAJO

La Biblia da una definición de DIOS en 1 Juan, 4,16: "DIOS ES AMOR". Ese Dios-Amor está encarnado en todo hombre. Entonces el hombre ama con su cuerpo (sexo), con su alma (Eros) y con su espíritu (ágape).Es un todo personificado integralmente en el ser humano.

El sexo comprende lo corporal, lo instintivo, el placer. Enfatiza el YO: el goce.

Lo erótico, es lo anímico-psicológico, la pasión, el deseo, la simpatía. Es el TU, el otro.

Lo espiritual, es el amor en su aspecto de entrega, sacrificio, comunión: NOSOTROS.

Lo que crea problemas en la pareja es la desintegración del amor y la convicción de que el varón es superior a la mujer y por tanto su oficio es controlar a su pareja. En vez de destacar la igualdad en la amistad de los dos.

El Amor es una totalidad; si lo dividimos, lo matamos. Por eso desviamos el amor cuando solo actuamos instintivamente para darnos placer sexual. La sola simpatía o amistad platónica tampoco llena las expectativas de la pareja. Y hacer una comunidad es no solo la parte espiritual sino la integración total del amor con cuerpo, corazón y espíritu. Es decir, no queremos solo la unión espiritual, ni solo la amistad, ni solo unión carnal, sino las tres unidas; queremos unión de la totalidad del ser humano.

El amor integral no quiere solo la unión sexual, ni solo la amistad, como se tiene con los amigos, ni solo la unión espiritual, como el amor de Dios. Quiere todo eso junto. La entrega total de dos seres que serán una sola carne.

Ésas son las tres dimensiones del amor personalístico. En estos tres aspectos del amor se da un dinamismo cuasi-dialéctico, que asciende en sentido de elevación y sublimación, amor sexual, erótico, espiritual. Y que desciende en un sentido de encarnación: el amor espiritual, erótico, sexual. El verdadero amor que existe en hombre-mujer no puede entenderse en un sentido ascendente o descendente. Así el amor sexual es al mismo tiempo el primer impulso dinámico del amor integral y como la última manifestación litúrgica del amor espiritual.

Por eso trataremos primero el aspecto sexual del amor. En segundo lugar veremos el aspecto psicológico del amor. Y como culminación de todo, hablaremos del aspecto espiritual del amor. Siempre considerando ese amor como un todo, encarnado en el ser humano integral e indivisible.

PRIMERA CONFERENCIA

FENOMENOLOGÍA DEL SEXO

I- ¿Qué cosa es la sexualidad para la gente?

1) Es un fenómeno que no se toma muy en serio: El sexo es un placer, atracción mutua de los sexos para divertirse y pasarlo bien. Entre hombre y mujer la relación sexual puede producir un nuevo ser humano lo cual se puede evitar. Importa el orgasmo, la polución, la parcial relajación. Después del estímulo que se da con la presencia del objeto sexual, a veces con solo la representación mental, comienza la "tumescencia," que toma su tiempo, y mientras más dure es mejor. Viene la "detumescencia", que es la reacción biológica y fisiológica que sigue, en la mujer al orgasmo, y en el hombre a la eyaculación. La mujer puede tener varios orgasmos durante el mismo coito.

La gente no enfatiza sobre las múltiples diferencias entre hombre y mujer. Se estandariza todo, especialmente lo emocional. No entienden que la mujer es distinta: necesita tiempo para ser estimulada y mucho tiempo para quedar satisfecha. Su detumescencia es más lenta que en el hombre. En el hombre, por lo general, todo es muy rápido.

2) La gente no hace gran diferencia entre sexo y genitalidad, hasta la confunde. La genitalidad está relacionada con la procreación. Hay el temor de engendrar un bebé, por la responsabilidad económica

y emocional. El placer se ve alterado por el fantasma de la fecundidad y también por el justo terror a adquirir enfermedades venéreas y el SIDA en especial. Por eso se usan preservativos.

La consumación de la relación heterosexual es la reunión de la pareja, macho y hembra, en la penetración del genital del hombre, el pene, en el genital de la mujer, la vagina Y la consumación de la relación homosexual es la penetración del pene en el ano de su pareja, si son varones, o el logro del orgasmo, si son hembras,

mediante tocamientos, besos y actos que quieren imitar de alguna manera la relación de hombre y mujer.

3) Puede haber muchas otras formas de conseguir la satisfacción sexual que en ocasiones son desviaciones de la sexualidad. Hay individuos que solo se satisfacen haciendo sufrir a su pareja (sadismo) y otros que se satisfacen sufriendo ellos mismos (masoquismo). Hay unos pocos que nunca se sacian y tienen la tendencia a permanecer activos sexualmente las veinticuatro horas del DIA. De estos proceden los pervertidos sexuales que pueden llegar a la violación y al crimen.

Se llama: adicción sexual, en la mujer o en el hombre. "Placer solitario": procurarse el placer sexual por la masturbación (turbarse con la mano o con objetos) hasta llegar a la eyaculación o al orgasmo. Juega parte muy importante la imaginación que se nutre de fantasías. "Prostitución" es la comercialización del sexo. Mujer u hombre que se ofrecen a la relación sexual por dinero.

4) Nuestro cuerpo y su lenguaje. Preliminares de la seducción. ¿Quién seduce a quién?

La supremacía del varón en nuestra cultura lo hace ver como el que lleva la iniciativa. Pero podría ser ella. ¿Por qué no ella? La mujer a veces se siente aprovechada por el hombre. Pero en realidad ella también puede aprovecharse del hombre. Si aprovechan los dos, tenemos el goce perfecto. Casi siempre la mujer aparece más seductora.

Los preámbulos de la copulación pueden ser muy variados y partir de caricias y el uso de todos los sentidos. El tacto: con las manos, con los labios, la lengua, las piernas, los brazos, los pechos, el roce de todo el cuerpo y finalmente los órganos sexuales. El oído: con palabras dulces, seductoras, música, canciones provocativas. El gusto: con manjares afrodisíacos, frutas, bebidas estimulantes, besos columbinos, cunilingua. El olfato: con perfumes y fragancias. El mismo olor natural del hombre o la mujer son con frecuencia suficientes estimulantes para aumentar el apetito sexual. La vista: la belleza del rostro, la redondez de los senos, el aspecto musculoso y fuerte son un atractivo sexual irresistible, tanto de parte de la mujer como del hombre. Hay parejas que prefieren hacer el amor a plena luz, y para verse mejor hasta colocan un espejo en el techo de la habitación. Hay otros que prefieren hacer el amor en la oscuridad. Casi siempre la primera atracción de la pareja comenzó por una mirada. La sigue el aproximarse, luego el abrazo. Lo que más se acerca al acto sexual es el beso apasionado y el tocamiento de las partes eróticas, como los pechos y los genitales.

5) La conversación que precede y que acompaña el acto sexual influye profundamente en el éxito de la

relación. La mujer se pliega más a la ternura del amor cuando se dicen frases de aprecio y se exalta su belleza y atractivo. La pasión es vehemente, si se manifiesta la satisfacción del placer que le produce su pareja. La mujer se excita más con palabras y lecturas que con pinturas, películas o fotografías pornográficas; éstas excitan mucho al varón. La cuestión intelectual impresiona a la mujer, porque le ayuda a vencer sus temores psicológicos y culturales hacia el sexo y aumenta su deseo.

6) La frigidez y la impotencia. La impotencia es la imposibilidad de la erección. Y la frigidez es la indiferencia hacia la relación sexual. Hay hombres y mujeres que no tienen ya ningún interés por el sexo. Y no es necesario que sean ancianos, pueden ser jóvenes. Esta situación puede provenir de problemas hormonales y biológicos o de tabúes culturales. A unos les prohibieron la relación sexual como algo sucio e indigno del ser humano. A otros no les atrae y si hacen la relación, no les causa placer. Algo no funciona bien en su cerebro y en su cuerpo. Pueden existir frustraciones de la infancia y la niñez que producen físico miedo o inmensa repugnancia a su cuerpo y al acto sexual.

A veces son las observancias religiosas que prohíben el sexo, y apenas lo toleran, en el matrimonio. Hoy día los médicos recetan pastillas especiales para hacer posible la erección y también para excitar el deseo en la mujer.

7) El sexo es el descubrimiento recíproco, un lenguaje de expresión y de impresión. Por medio de la relación sexual descubro al otro y a veces, me descubro a mí mismo. Es un mecanismo de acoplamiento para la donación mutua. Como diccionario dividido en dos

organismos: el masculino y el femenino. Es como un fluido eléctrico, una transferencia, como son las semillas en las plantas. Se da la transferencia de la materia generativa, como en la planta o en los animales. Es la función fisiológica de procrear. Pero basta cualquier miembro del sexo opuesto para hacerla. Debería bastar el acoplamiento estacional o al menos el instintivo. Pero en el ser humano si se da el instinto de atracción entre dos para hacer el sexo, no se hace en seguida, porque somos personas racionales, y no siempre se da la "química" del enamoramiento o no se dan las circunstancias favorables. Así el sexo es un lenguaje que puede pronunciarse, esconderse, ser silencioso, unirse o desunirse. Es un acontecimiento de relaciones que pueden resultar positivas o negativas.

8) Así la sexualidad es la cualidad de la afectividad humana, característica de la madurez emocional del hombre y de la mujer, que cuando se obstaculiza, crea algunos disturbios fisiológicos y psicológicos. Si esa afectividad no se orienta correctamente, desarrolla las fijaciones sexuales, las inhibiciones, los complejos y las perversiones sexuales que arriba mencionamos. La sexualidad debe continuar el lenguaje del amor: dos en un promontorio en el que se resalta, cómo dos personas son señaladas para darse sus cuerpos, con una causa formal que es el amor conyugal, una causa final que son los hijos (el sexo tiene la finalidad procreativa por excelencia), una causa ejemplar que es una técnica física con emociones y actitudes. El sexo, como lenguaje de amor no solo es la unión corporal ni solo un dar, sino una progresiva conquista.

9) ¿Por qué se juntan los cuerpos? Por un principio de unión y división. La materia tiene dos tendencias: a

solidificarse o a fraccionarse en partículas. Por un método de apertura, aunque opaco u oscuro. Unión expresiva cuando es disciplinada, pero al mismo tiempo indolente a la disciplina. Un principio de puesto temporal, aunque de desintegración y de frivolidad.

10) La clave para analizar las diferencias entre el hombre y la mujer:

   a. El hombre entregado a una causa, a una esperanza, a un ideal.

   b. La mujer entregada a una persona.

Estas diferencias no son absolutas, sino simplemente orientaciones que el hombre y la mujer podrían entender.

11) La sexualidad produce tensión y a veces una situación angustiosa en tres etapas bien específicas de la vida humana:

1a. Etapa: prematrimonial (infancia, adolescencia, juventud). En la que se da una curiosidad difusa, (por la educación represiva, la pedagogía del silencio); sentimientos románticos de amorosidad (adolescencia), los sentimientos de frustración (primeras manifestaciones sexuales) o sentimiento morboso de culpabilidad y el shock por las experiencias sexuales precoces (abuso sexual en la infancia).

2a. Etapa. Angustia sexual y amorosa en los casados. Hay al principio disminución en la tensión sexual. Pero puede llegar sentimiento angustioso de limitación, insatisfacción por renuncia a otras posibilidades, lo que de paso, puede degenerar en la búsqueda de nuevas experiencias. Puede aparecer una nueva estrella en el firmamento.

3a. Etapa. Angustia celibataria. El que no se casa o no se puede casar. El que hace sexo y sabe que le está prohibido o por las reglas sociales o por el compromiso religioso. El que simplemente no hace sexo por alguna de las razones anteriores pero vive asediado por el deseo vehemente de hacerlo. Siente complejo de culpa por hacerlo, y si no lo hace siente angustia ante el deseo insatisfecho.

SEGUNDA CONFERENCIA

II - ¿Y qué es el "amor" para nuestra gente hoy?

Todos los seres humanos hablamos del amor. Y todos estamos influenciados de una manera o de otra por los sentimientos religiosos. Las grandes filosofías religiosas que predominan en el mundo como el Cristianismo, el Islamismo, el Budismo, el Judaísmo, el Confucionismo, hablan del amor a Dios y al prójimo. Todos queremos amar y ser amados. Y en ninguna cultura el hombre se toma en su totalidad. Siempre se lo divide en partes y lo mismo pasa con el amor. Pero el amor existe en carne y hueso, es decir, el amor encarnado en un hombre y en una mujer.

Los griegos le dieron nombres diferentes según la intensidad y a quien se dirigía ese amor. La palabra "filia" designaba por ejemplo todo sentimiento de aproximación y afecto entre dos personas. Los filósofos distinguieron cuatro aspectos:

1. La "filia" natural o parental (física) que une los seres de la misma sangre.

2. La "filia" entre huéspedes (xenike) que nos recuerda la importancia de la hospitalidad.

3. La "filia" de amigos (hetairike) que solo corresponde a la amistad propiamente dicha.

4. La "filia" amorosa (erotike) entre personas del mismo sexo o de sexo diferente.

Para distinguir los diversos lazos del amor, los

griegos disponían de numerosas palabras, además de "filia" y "Eros": eunonía designa el voto; ágape, el afecto desinteresado; la ternura es storge; photos, el amor de deseo; manía, pasión desencadenada.

Esta enumeración no es exhaustiva. La palabra ágape, tan rara en los textos paganos, iba a tener un gran porvenir porque los primeros cristianos y los Padres de la Iglesia (griegos principalmente) la emplearon para designar el amor divino y el amor fraterno que reinaba en los ágapes o banquetes. Ellos desconfiaban de la palabra Eros, esto se entiende, dado que ellos veían el sexo con desconfianza y discriminaban a la mujer.

(R. Flaceliere, "L'Amour en Grece", Paris, 1960).

En el vocabulario popular se le dan al amor nombres diversos dependiendo de la persona a quien se ama, de la intensidad y del aspecto peculiar en que uno ama. Se llama amor universal o caridad, solidaridad, compasión, aprecio, amistad, ternura, deseo, pasión.

Sigmund Freud llama libido, a los impulsos de la vida sexual orientados hacia el objeto sexual. EROTISMO es en general el afecto romántico sensual.

Cuando se habla de matrimonio, queremos un amor personalístico, es decir, de persona a persona, donde se encuentren juntos el aprecio, la amistad, el respeto, el deseo, la ternura y los dos cónyuges en real comunión de vidas y de cuerpos. Es el sentido profundo de la comunión, común unión, simbolizado en la profunda unión entre el alimento y el cuerpo.

Por eso la relación sexual es una verdadera comunión cuando se da con las características del amor personalístico integrado en el ser humano total: dos cuerpos en uno.

El amor conyugal, es interesarse el uno por el otro, aceptarse, tal como son, amor paciente, complaciente, preocupado el por el otro, consciente de las diferencias que hay

entre dos personas: una mujer es diferente de otra mujer y diferente del hombre.

III - ¿Y qué dicen los teólogos acerca del amor?

"DIOS ES AMOR", es la definición de Dios en I San Juan 4,16. Dios es la fuente de todo amor. Y todas las religiones están de acuerdo que todo ser humano se mueve por amor. Por tanto el Cristianismo es por excelencia la religión del amor. Lo dice solemnemente Jesús:

"En esto conocerán todos que sois mis discípulos: si os amáis los unos a los otros" Juan 13,35. Y el mismo Cristo resume la Ley y los Profetas en la ley del amor. En Mat.22, 37: "Amarás a Dios con todo tu corazón, con toda tu alma y con todas tus fuerzas y amarás a tu prójimo como a ti mismo".

San Pablo en 1Cor 13, canta el himno a la caridad y al amor. El Nuevo Testamento todo está impregnado del concepto del amor como lo básico.

Pero el sexo aparece como diluido, a veces conflictivo, vergonzoso y por tanto reprimido. Aparece prohibido y mistificado. Incluso el deseo y el pensamiento es pecado.

En el Antiguo Testamento hay menos tabú y más simplicidad hacia el sexo. Aunque haya castigo de muerte para la mujer adúltera. Generalmente el castigo es solo para la mujer.

Prov. 2,16 y Juan 7,53. Sin embargo, Cristo vuelve por ella cuando les dice a los hombres que van a apedrear a la adúltera: "El que esté sin pecado que tire la primera piedra". Jn 8,7. En el pueblo judío del Antiguo Testamento existen las purificaciones, los castigos, sanciones de diversa índole para los transgresores en el orden sexual, incluso para los fenómenos biológicos, por ejemplo, la simple menstruación de la mujer. Se habla de lo puro y de lo impuro, de las expiaciones rituales de purificación para poder tomar parte en el Sacrificio.

Hay una larga lista de impurezas del hombre y de la mujer (Lev.15 y ss). Cristo no insiste más en esas minucias sino que les dice a sus discípulos: "No es lo que entra en la boca lo que hace impuro al hombre; sino lo que sale de la boca, eso hace impuro al hombre" Mt.15, 10. Simplifica lo del matrimonio diciendo: "Dejará el hombre a su padre y a su madre y se unirá a su mujer y los dos se harán una sola carne".Mt 19,5.

La Biblia toma al hombre en su totalidad. Distingue su "tridimensionalidad" con tres diferentes palabras hebreas: Nefes (en griego sarx) = carne. Basar (en griego psyche)= alma. Ruaj (en griego neuma)= espíritu. Así evoca la Trinidad de Dios, a cuya imagen el hombre y la mujer han sido creados.

La mayor parte de la gente obra y habla olvidando esta tridimensionalidad del hombre. Las Iglesias hablan de la salvación de las almas, sin mencionar la salvación del cuerpo insistiendo en la dicotomía, como si el cuerpo no debiera salvarse también.

Por eso el Concilio Vaticano II, realiza un esfuerzo sobrehumano por medio de Obispos y Teólogos, para que la Iglesia vuelva al primitivismo cristiano de la unidad del hombre y trate de romper esa dicotomía que nos han hecho vivir por siglos.

La persistencia en conservar en la práctica esta división, es la causa mas profunda de la crisis general de las Iglesias y de las religiones. Dividimos el amor como si hubiera un amor espiritual y otro corporal. Se nos ha enseñado que el amor humano es el malo, y el bueno, es el amor divino. Este amor humano es enemigo de la vida espiritual y apenas si se tolera dentro de los rígidos lazos del matrimonio. Muchos Padres de la Iglesia, comenzando por San Agustín, no aceptaron el placer sexual sino solo para la procreación. Cualquier otro uso del sexo estaba condenado, con nombres como lujuria, impureza, deshonestidad, idolatría y suciedad. Era una prostitución espiritual. Así el amor humano tenía que llegar a ser una fuente inextricable de problemas, tanto para la sociedad como para el individuo" ("Les Mythes de L'amour", Saint Amand).

El Nuevo Testamento confirma la doctrina del Antiguo: El adulterio, la bestialidad, el incesto, el homosexualismo, serán castigados en la otra vida. Lo que piensa ahora la gente sobre el amor y el sexo, se da en contexto de la sociedad trabajada por la doctrina de la moral cristiana. Codificada a través de los siglos por los casuistas.

Aquí en los Estados Unidos se piensa muy diversamente según el medio policultural. Por ejemplo el homosexualismo que en nuestros países ha vivido casi en la clandestinidad y es casi siempre injustamente rechazado, se ha abierto campo de ciudadanía y se han hecho respetar. Los blancos anglosajones, son en general liberados. Colombia y toda Latinoamérica están influenciadas por las culturas de los que nos conquistaron.

San Pablo habla extensamente sobre el matrimonio en 1Cor, 7: "....bien le está al hombre abstenerse de la mujer. No obstante por razón de la impureza, tenga cada hombre su mujer, y cada mujer su marido. No dispone la mujer de su cuerpo sino el marido.

Igualmente, el marido no dispone de su cuerpo sino la mujer. No os neguéis el uno al otro sino de mutuo acuerdo.......Mi deseo sería que todos los hombres fueran como yo; mas cada cual tiene de Dios su gracia particular: unos de una manera, otros de otra." Mas adelante a las vírgenes les aconseja no casarse: ¿"Estás libre de mujer? No busques mujer. Si te casares no pecas; y si la doncella se casa, no peca; pero tenéis así que estar sometidos a la tribulación de la carne, que quisiera yo ahorraros".

En el capítulo 11 de la misma epístola dice: "Quiero que sepáis que la cabeza de todo hombre es Cristo; y la cabeza de la mujer es el hombre; y la cabeza de Cristo es Dios".

"No procede el hombre de la mujer, sino la mujer del hombre. Ni fue creado el hombre

para la mujer, sino la mujer para el hombre. He ahí, por qué la mujer debe llevar una señal de sujeción sobre la cabeza". El velo de la mujer es una señal de sumisión. Se fundamenta así por San Pablo, la cultura del machismo. Vino del Asia y fue por la América en marcha triunfal. Lo que conduce indudablemente a subestimar a la mujer y a darle al hombre el control sobre ella. Fomenta la violencia doméstica. Es probable que el machismo se haya afianzado en España por el contacto con los árabes.

Es claro el pensamiento de San Pablo sobre el sexo y su influencia sobre la ley del celibato que se implantó mas tarde sobre los sacerdotes. No se tuvo, sin embargo, muy en cuenta el discernimiento usado por él sobre los dones especiales otorgados por Dios a ciertas personas que podrían observar el celibato. El don de castidad. El celibato se aplicó a todos los sacerdotes sin excepción, aunque no tuvieran ese don de CASTIDAD.

Con el fin de lograr que el candidato al sacerdocio se decida por el celibato se va haciendo un progresivo adoctrinamiento de los candidatos al sacerdocio, desde niños, para habituarlos a la vida celibataria. Una especie de lavado cerebral. De hecho el sacerdote hace los tres votos: Castidad, Pobreza y Obediencia. Pero el que más cuenta es el de Castidad.

TERCERA CONFERENCIA

De acuerdo al esquema cristiano el AMOR INTEGRAL se presentaría así:

A   1 - SEXO: se exalta el YO, aparece el instinto y la animalidad, lo físico- Biológico. Énfasis en el placer. Amor de Concupiscencia.

M   2 - EROS: predomina el TÚ, la simpatía, la parte humana psicológica. Descubre la Persona. Amor de Benevolencia.

O   3 - ESPIRITU: se descubre el NOSOTROS, aspecto de espiritual. De lo espiritual del amor. Dios es Amor y Dios es Comunidad. La presencia de Dios en la persona del otro. Es el Matrimonio.

R   Amor de Complacencia.

En la práctica, estos aspectos del Amor se han separado. Cada uno se considera por su lado. Lo que causa la desintegración del matrimonio.

Si se enfatiza el aspecto sexual, se cree que el amor es la atracción física. Una vez perdida la atracción se acaba el amor. Si solo es el aspecto erótico, podría ser un amor platónico, en el que nada tiene que ver el cuerpo, habría solo amistad. Si predomina el aspecto del espíritu, será amor desencarnado y ahí está ausente el cuerpo, el otro, como persona.

Por eso insistimos en la unidad del hombre y en la unidad del amor. Porque el hombre debe actuar todo, comunicado, consciente o inconscientemente con Dios. Esta división del ser humano tiene que ver con lo enseñado por las religiones a través de los siglos.

El verdadero amor existente en el hombre no puede entenderse tan solo en un sentido ascendente o descendente. La sexualidad es al mismo tiempo el primer impulso dinámico del amor y su última y más intensa manifestación en el coito.

Porque dice Freud: "La represión partía, regularmente de la persona consciente (el YO) del enfermo y dependía de motivos éticos estéticos; a la represión sucumbían impulsos de egoísmo y crueldad, que en general podemos considerar malos; pero sobre todo los impulsos optativos sexuales, muchas veces de naturaleza repulsiva e ilícita. Así, pues, los síntomas patológicos eran sustitutivo de satisfacciones prohibidas, y la enfermedad parecía responder a una doma incompleta de lo inmoral que el hombre integra" (Esquema del Psicoanálisis" II Obras Completas, p. 12 Madrid 1948).

Fue precisamente Freud quien descubrió algo que había pasado totalmente inadvertido hasta entonces por la ciencia y esta fue La Sexualidad Infantil. La sexualidad es el primer ligamen social: el primer contacto social del lactante es con el pezón de la madre.

Pero el niño satisface sus instintos en los cauces que le dicte la sociedad. Y la primera prohibición, aunque sea tácita, proviene del padre. El padre es como una sombra de Dios, que castiga. Prohíbe el instinto libidinal incestuoso que se insinúa en el lactante. En esta prohibición coinciden todas las civilizaciones. Sin embargo, es una dosis de represión necesaria para la supervivencia del hombre: Prohibición del incesto, del homicidio y del canibalismo. A pesar de ser prohibiciones tan comunes a toda la humanidad y a todas las culturas, se infringen con más frecuencia de lo que pensamos, sobre todo las dos primeras.

No obstante, en esta dosis de represión necesaria hay represión sobrante. Esta represión sobrante es creada por "los miedos, las repugnancias, los complejos de culpa y el tabú a todo lo sexual" (Ver Marcuse en "Eros y Civilización").

Le tenemos miedo a nuestro propio cuerpo. Se confunde miedo con responsabilidad en la vida sexual y respeto por nuestro cuerpo y por el cuerpo de los demás.

En cuanto a las repugnancias, se ha creado una mentalidad adversa al cuerpo que parte de la dicotomía maniquea (cuerpo malo, alma buena). Es célebre la sentencia de una Padre de la Iglesia: "Inter urinas et faeces nascimur" (Nacemos en medio de la orina y de las heces fecales). Esta conciencia de asco por el sexo, ha quedado adscrita a la vida sexual dentro de nuestra cultura y no puede separarse de ella, a pesar de todos los esfuerzos por idealizarla. Puede ser un fenómeno asociativo que produce repugnancia.

"Pero el caso de una niña de 14 años que fue a mi oficina llevada por su hermano para recibir información sobre trámites de su próximo matrimonio, es un claro síntoma del complejo religioso de culpa. Cuando estuvo a solas conmigo me confió que ella se quería casar cuanto antes, porque había tenido relaciones sexuales con su novio. Y, echándose a llorar desconsolada, me dijo, que su madre estaba gravemente enferma como castigo de Dios por su pecado. Y además de esto, se sentía traicionando a sus padres y notablemente preocupada de que todavía la creyeran buena, siendo tan mala".

Así, concluye Freud, podemos comprender cómo, en una muchacha histérica, un deseo sexual prohibido puede trasformarse en un síntoma doloroso.

El tabú es algo que es prohibido porque sí, sin mas explicación. Tabú es una palabra polinesia, es el sacer de los romanos. Es lo sagrado y consagrado y también lo prohibido, inquietante, peligroso e impuro. Es como un temor sagrado. Las restricciones tabúes son algo muy distinto de las prohibiciones puramente morales o religiosas. No emanan de ningún mandamiento divino sino que extraen de sí propias su autoridad. Wunt dice que es el mas antiguo de los códigos no escritos de la humanidad. Se extiende a casi todas las culturas. Es como los intocables de algunas tribus, como los sacerdotes o brujos. Tiene el sentido de protección. En el caso del sexo, es protegerlo de ser violado.

El miedo. Si miramos las cosas desde otro punto de vista, vivimos en una sociedad del pánico. El niño fue educado en un sistema de miedo en el que casi todo es negativo. Oímos en nuestra infancia más "noes" que "síes". Nos rodearon las prohibiciones. Es cierto que hay objetos y circunstancias que nos pueden acarrear peligro pero nunca nos dijeron por qué nos prohibían. Simplemente nos impedían la contemplación del mundo. Cuando niños conocimos el mundo de una manera negativa.

Se ha ido creando una sociedad del miedo. Se insiste demasiado en la moral de la "tranca", que es la misma represión. Es más fácil trancar que educar. Entonces la mayor parte de la gente le tiene miedo a Dios, al diablo, a la oscuridad, al rayo, a la tempestad, al terremoto, al huracán, miedo al padre y a la madre, miedo al sexo, miedo al amor y hasta miedo a la vida. Naturalmente, dice Freud, todos los miedos están relacionados con la muerte.

Hay un miedo generalizado a los fenómenos incontrolables de la naturaleza, porque nos amenazan con la muerte. Es una sociedad marcada por el miedo. Obsesiva. Lo bueno y lo malo. Estamos influenciados por las doctrinas religiosas que hablan de premio y de castigo, de lo bueno y de lo malo.

Nociones que están aclaradas en la Biblia: el justo es el bueno porque cumple con los mandatos de Dios. Injusto es el malo, el que no observa los mandamientos.

¿Qué es lo bueno y qué es lo malo? Es una gran pregunta que se queda en manos de la autoridad de turno. Mala es la subversión contra la autoridad, porque dice San Pablo: "Toda autoridad viene de Dios". Entre nuestras gentes dominadas durante siglos, las clases dominantes exaltan este sentido de bueno porque esto les garantiza su preponderancia y la defensa de sus intereses. Estar sumiso al Rey significaba para nuestros nativos ser bueno. Ser malo, era el que no quería ser súbdito del Rey. Y la Iglesia se prestó a este juego de injusticia. Y se castigaba con la muerte al insubordinado.

Y la Inquisición castigó a muchos indios que no se querían convertir al Cristianismo o a los que siendo bautizados seguían haciendo prácticas idólatras, que sin embargo eran para ellos partes inherentes de su cultura. Por fuerza los buenos son los que se someten a la autoridad y están de acuerdo con su prepotencia explotadora. Según ellos, Dios está de parte de los dominadores. Por eso se hace muy cierto aquello de "que no es Dios el que crea al hombre sino el hombre el que crea a su Dios."

De manera semejante se ha dicho que el sexo es malo. En vez de reconocer que el sexo es obra de Dios, una energía divina, generadora de vida, unificadora de todos los seres humanos, que crea los parentescos y la familia, fuente de placer, conservadora del amor, al mismo tiempo que amerita una enorme responsabilidad, respeto y veneración por nuestros cuerpos como templos que son de Dios.

Y se ha confundido la inocencia con la ignorancia. No se puede considerar la sexualidad humana como algo externo y separado sino que se debe considerar como parte de la existencia humana y de su historia. Gracias al sexo, YO existo y TÚ y NOSOTROS. Pero las cargas culturales que hemos recibido a través de la historia hacen del sexo un problema complejo.

En el Universo toda la dinámica de los seres vivos se mueve en torno al sexo, en torno al amor, a la reproducción y a la vida. El sexo es la manifestación de la ternura en la relación conyugal.

"El matrimonio permanece como la mejor posibilidad de la ternura", dice Ricoeur.

El matrimonio es la disciplina del sexo que traspone la esfera de lo político, del respeto al prójimo, de la igualdad de derechos y de las muchas y diversas formas del amor.

El sexo institucionalizado en el matrimonio es una relación interpersonal que tiene por fin dominante la procreación y por tanto la perpetuación de la humanidad como especie.

La ternura incluye la procreación en la sexualidad y no la sexualidad en la procreación, encabezando los fines del matrimonio la perfección de la relación interpersonal. Como dice Haring: "El Amor Fecundo".

Veremos, sin embargo, cómo la sexualidad institucionalizada está siempre amenazada por la ruptura. Humanamente nada puede garantizar la armonía de la pareja, pues hay siempre muchos designios discordantes. Hay tendencias discordantes absolutamente opuestas: la una tiende a resacralizar el sexo. Y la otra tiende a desacralizarlo.

La primera considera al sexo como pecado, habiendo otra tendencia que lo considera tabú. Y una tercera indiferente, que considera al sexo como algo solamente biológico.

Según otros el sexo es un valor comercial y se lo explota en la pornografía, en la TV, en el cine, en la prostitución. Es el resultado de una sociedad de consumo. Pero el sexo es en realidad una energía creada por la naturaleza en el ser humano, un don de Dios, un verdadero valor trascendental, en el que el varón se complementa en la unión con la hembra, haciendo los dos, las veces del Creador, procreadores. El varón siembra la semilla (semen) en la mujer, imagen de la madre tierra, para producir la vida. Al mismo tiempo para unirse más íntimamente y darse mutuamente placer. El ejercicio de la sexualidad supone una madurez y una responsabilidad. Es algo que afecta profundamente a la persona y está ligado con la esencia del ser humano.

El sexo está esencialmente ligado a la naturaleza del ser humano y tiene su centro biológico en el hipotálamo situado en el cerebro. Hacemos el sexo principalmente con la mente. No puede ser algo indiferente al ser humano.

Cuando falta ese sentido de responsabilidad y madurez, vienen las desviaciones. Entramos al terreno de la controversia, porque hay fenómenos que yo llamo desviación. Yo llamo desviación todo ejercicio de la sexualidad que se sale de las vías propuestas por la misma naturaleza para la unión de la pareja, varón y hembra. Otra cosa son las preferencias sexuales que no dependen de la voluntad del individuo. Estamos en una sociedad utilitaria, centrada en el trabajo y la ganancia. El trabajo con el fin de conseguir la subsistencia, el bienestar, el placer. El cultivo del placer es una posibilidad fundamental de la sexualidad humana. Hay tendencias dirigidas a reducir la sexualidad solo a la reproducción. Toda relación que no tenga el fin reproductivo es pecaminosa. Según esto el sexo tendría una función mecánica, para la transferencia de la materia generativa. Una función fisiológico-biológica que se extiende a las plantas y a los animales. Así pues, basta cualquier miembro del sexo opuesto para hacerla y debería bastar el acoplamiento estacional o al menos el instintivo.

Una religión, influenciada por el maniqueísmo, ha tenido mucho que ver con esta percepción del sexo. Resultando de esto un excesivo número de hijos entre las familias más religiosas. Era la única manera de hacer el sexo sin caer en lo pecaminoso. No serían hijos del amor sino hijos del deber.

El sexo es visto también como un mecanismo de acoplamiento para una mutua donación. Son dos organismos, el masculino y el femenino que se complementan.

Pero es considerado como una cualidad de la afectividad humana, característica de madurez emocional en el hombre y en la mujer. Cuando se obstaculiza, crea disturbios fisiológicos y psicológicos. Si no se orienta correctamente, se desarrollan las perversiones sexuales, las fijaciones, las inhibiciones, los complejos de culpa, las trasferencias, las histerias, etc.

Tensiones.

La sexualidad produce tensiones. Veamos tres etapas de la vida:

1. Estado prematrimonial que es la niñez, la adolescencia y la juventud. Existe una curiosidad reprimida. A muchos niños no les hablan ni les permiten hablar del sexo. Es una pedagogía del silencio. En ellos hay sentimientos de amorosidad y sentimientos de culpa y frustración en las primeras manifestaciones sexuales como la masturbación y/o la menstruación. Hay curiosidad cuando algo se oculta.

2. Estado matrimonial. Hay disminución en la tensión sexual, pero se da con frecuencia angustia sexual. Angustia de limitación, de unificación, insatisfacción, por la renuncia a otras posibilidades, lo que puede degenerar en búsqueda de nuevas experiencias y/o en la aparición de otra nueva "estrella" en el firmamento de nuestra existencia.

3. Estado celibatario. Se da un sentimiento de incapacidad de dominio. El deseo reprimido causa tensión. Se puede dar un sentimiento de mutilación de sexo (complejo de castración). Sentimiento de finitud: incapacidad de prolongarse a través de los hijos.

La sexualidad es algo universal con la vida orgánica.

Toda la naturaleza esta marcada por el cambio y por la reproducción. Debe haber una reproducción sin reproducción sexual. (Sattler "Sexualidad").

La sexualidad humana y las diferencias de sexo. En ambos sexos produce tensión pero con ciertas diferencias: en la mujer hay a veces más curiosidad que deseo, en el hombre hay deseo y muchas ganas de demostrar su masculinidad. En la mujer joven existe más sentimiento de culpabilidad y en el hombre joven más sentimiento de frustración. Tanto en uno como en otro pueden darse fijaciones por un shock de experiencias sexuales de la infancia (como abuso sexual por los adultos, pederastia, incesto, etc.).

La entrega en la relación sexual es total de parte de la mujer, parcial de parte del hombre y son más importantes y profundas las consecuencias para ella. Es la que lleva la carga de la maternidad y la pérdida de la virginidad que desde el punto de vista social, puede ser un obstáculo para ser aceptada en matrimonio. Pero además ella siente más profundamente.

También dependiendo de las cargas culturales, el hombre casi siempre es el elemento activo, la mujer el elemento pasivo.

Quiero concluir esta conferencia haciendo ver como toda la creación interviene y se proyecta en el amor: En Dios-Amor de donde se desprende todo Amor.

CUARTA CONFERENCIA

ARTÍCULO I - ASPECTO SEXUAL DEL AMOR

I - Introducción

a) Hemos dicho que la sexualidad humana no se puede comprender solo como algo externo o separado de la totalidad del ser humano. Hay que examinar sus varios aspectos y sus mutuas relaciones, porque es un tema complejo. Hay elementos que están allí en el sujeto haciendo parte de la unidad, como el elemento biológico, el elemento psicológico, el elemento metafísico. Se les separa teóricamente para hablar de ellos.

b) Ciertamente en el amor humano se dan estos tres elementos y los debemos contemplar siempre como proyectados en la vida, como una manifestación de la ternura de la pareja, hombre y mujer. De su interacción procede la disciplina del amor que traspone la esfera de lo político y del respeto al otro, de la igualdad de derechos del hombre y de la mujer y de las diversas formas de amor.

c) Es una relación interpersonal: en el matrimonio el sexo se institucionaliza y domina el fin procreativo (matris munus = oficio de madre) y la perpetuación de la especie. Sin embargo el fin primario del matrimonio es el amor, que puede ser o no ser fecundo. La ternura quiere incluir la procreación en la sexualidad y no a la sexualidad en la procreación.

d) Entre las diferentes actitudes frente al sexo, la primordial en nuestra época es el considerarlo como valor comercial. El divorcio está a la orden del día y también las madres solteras, porque ya no vale la pena casarse. El matrimonio vale por un rato. Los hijos son las víctimas de la irresponsable relación de sus padres. Ellos sufren en carne propia todos los efectos de esa inmadurez y perpetúan a su vez el ciclo, procreando irresponsablemente.

e) No se ve, por tanto, a la sexualidad como una energía donada por Dios al ser humano, no se ve como valor por el cual el varón se complementa con la mujer y hace las veces del Creador en su papel procreador. No se ve por ninguna parte cómo con la sexualidad se abre un nuevo campo a la realidad, una nueva capacidad, una nueva realidad del mundo y del hombre.

El cultivo del placer es una posibilidad fundamental de la sexualidad, si no se deja reducir únicamente a la reproducción. Sin embargo el sexo tiene algo de juego y se convierte en juego si no se profundiza en el impacto psicológico. El cultivo del placer es llamado siempre por la ternura y puede siempre volverse contra ella. Es la serpiente que la ternura nutre en su seno.

El Hedonismo es producto del egoísmo. Egoísmo es el exceso de amor a sí mismo. Cuando se escoge la pareja en base "únicamente" al atractivo sexual, falla la relación. La relación se vuelve transitoria. Es unión que se concentra solo en el placer.

De ahí que el noviazgo debe ser muy bien aprovechado para un conocimiento mutuo intenso y profundo, en el que se debe desarrollar una auténtica amistad.

II - Elementos de la sexualidad

Podríamos describir la sexualidad humana como la energía potencial que tiene todo ser humano como tendencia instintiva para la propagación de la especie, elementalmente egoísta por el placer en el ejercicio y consecuentemente comunitaria por la naturaleza misma del hombre y el designio de la naturaleza. Individualista y altruista a la vez.

1. Energía potencial: Es indispensable distinguir entre la potencia sexual de todo ser humano, la genitalidad que se refiere específicamente a los órganos sexuales y el ejercicio mismo del sexo. Para el acto sexual o coito, llamado también cópula, se dan diversas fases previas: primero tiene que existir el deseo, deseo compartido con la pareja y el período de celo y caricias que excitan mas la pasión y la búsqueda de la unión sexual seguida de fenómenos biológicos facilitadores como son los líquidos lubricantes en los órganos de los dos que facilitan la penetración del pene en la vagina de la mujer. Luego siguen las contorsiones y el delirio del placer con el orgasmo por parte de la mujer y la eyaculación por parte del hombre. En la relación normal está la culminación del placer y el paroxismo del deleite. La iniciación y la relajación en el varón más rápida; en la mujer es mucho más lenta. El siclo se conoce en términos generales como la tumescencia y la detumescencia.

La búsqueda del objeto sexual se apoya en factores endógenos. Es lo que calificamos de sexualidad sensitiva. Presenta las características de ser más móvil, de más fuertes instintos y de una intervención más activa del individuo, más vehemente y más apasionado. Como energía potencial es impulso latente, aparentemente dormida según los diferentes estadios de la vida humana. Sin embargo, no es solo energía potencial sino realización de procesos vitales.

2. Tendencia instintiva: Procede de la misma naturaleza del hombre de manera automática pero asumida a su vez por la libertad. El ser dotado de razón no está fijado por los instintos. El sabe y siente que tiene libertad de acción. Es por supuesto, una libertad limitada porque está diversamente influenciada. Pero no es en sí una tendencia ciega porque no procede de una naturaleza irracional.

La pasión sexual es primaria como reacción, pero en realidad es una tendencia secundaria porque no es necesaria absolutamente para la vida del individuo. Una tendencia primaria es aquella sin la cual no puede vivir la persona, como por ejemplo, comer, que está directamente ligado al principio de conservación.

3. Todo ser humano tiene la potencia generativa y la tendencia instintiva. Por supuesto que hay anormalidades. Las más comunes son la frigidez y la impotencia.

Son fenómenos, a veces ocasionados por la edad, por la salud física o estado mental.

Cuanto más elevada es una vida en la jerarquía de los seres vivos, mayor es su capacidad de movimiento. En el ser humano se descubre por su capacidad intelectual, en el que uno de los puntos fundamentales de la sexualidad es la necesidad de la complementación. La capacidad de movimiento y la razón, hacen consciente al hombre de que sus mismos órganos sexuales indican la tendencia a convertirse en "una sola carne", por medio del coito. Es la tendencia a volver a la unidad original. El ser humano fue originariamente uno y tiende a volver a ser uno en la unión del varón y la hembra. Dice la Biblia que la humanidad procede de una sola pareja. Y Eva fue sacada del cuerpo de Adán. El hijo es el fruto de la unión del hombre y la mujer, "serán una sola carne", un solo cuerpo.

4. Para el bien de la especie. Por su naturaleza, la sexualidad tiende al bien de la especie. En su forma definitiva la sexualidad que conocemos en nosotros mismos, va a ligarse irreversiblemente a la propagación de la especie. Parece como si los encantos de la función sexual fueran tan grandes, que la naturaleza los ha asociado ante todo con el amor y el instinto de la reproducción. Pero es la racionalidad, lo que convierte al hombre en responsable en el ejercicio del sexo.

La relación sexual tiende fisiológicamente a la fecundación del óvulo de la mujer por la unión con el semen del varón. Es como la polinización en las flores.

5. Elementalmente individualista. Por ser algo existencialmente vital tiende al bien del individuo. Se busca a sí mismo en cuanto busca su propia satisfacción. Es egoísta porque inicialmente busca la satisfacción del yo; pero ya sabemos, consecuencialmente es comunitaria porque se realiza en comunión con la pareja y crea la familia.

Hay otras tendencias que se encaminan particularmente al bien del individuo, como la tendencia manducatoria, la defecatoria, la respiratoria. Son necesarias para la vida del individuo. Pero la sexualidad no es necesaria de suyo para su supervivencia, pero sí para la supervivencia de la especie. De aquí podemos concluir que la continencia puede ser útil y posible a determinados individuos. Puede ser nociva para otros. Podemos adelantar de una vez que ni el celibato ni el ejercicio de la sexualidad, se deben proponer como algo obligatorio, sino como algo totalmente opcional.

El no uso de los órganos sexuales puede ser nocivo para algunos tanto como el abuso. Se puede probar esto tanto desde el punto de vista médico como desde el punto de vista psi-lógico-somático. El abstemio está más propenso a enfermedades de la próstata.

6. Placer en el ejercicio de la sexualidad. Aquí se da la expansión voluptuosa del "ego". El centro vital es algo intrínseco. Antes que la sexualidad sea reasumida por el hombre racional, domina en ella el aspecto individualístico. El hombre se busca a sí mismo y no a la felicidad ajena. En esto el hombre se engaña, porque veremos que la felicidad es más completa si es mutua. Podría decirse que el éxito de la pareja es hacerse mutuamente felices. Del hecho de que el sexo esté centrado en el "Yo", no concluimos que proceda de una voluntad mala.

El placer que conlleva es querido por la naturaleza, es más, es querido por Dios, porque el cuerpo es creado por Dios.

El gozo es inherente al ejercicio de la sexualidad e íntimamente relacionado con las otras funciones del organismo. Es el ser humano total el que goza, biológica, psicológica y espiritualmente. En la vieja tradición cristiana, el goce es prohibido y es pecado.

Es muy interesante la manera de comportarse los sexos. De paso podemos ver que en la mujer se manifiesta mayor placer por la consecuencia de la relación (la maternidad) que muchas veces en la misma cópula. Tienen mucho también que ver los tabúes culturales. Y esto es naturalmente inconsciente. Y la misma naturaleza hace que la mujer sienta mas deseo de la unión con el hombre cuando es fecunda. Entre tanto el hombre quiere por el sexo realizarse a plenitud y de paso desea fecundar porque encuentra ese acto como el culmen de su realización como "macho", como hombre, como padre, como procreador.

El hombre no se afecta lo mismo con la paternidad como la mujer con la maternidad.

La mujer está elevada al servicio de la vida. Al hombre le corresponde la protección de la vida. Pero hay mujeres que son padre y madre a la vez.

Debo decir desde ya que la mujer actual se está liberando cada vez mas de la represión y de las limitaciones culturales y va siendo mucho mas autónoma en lo que respecta al sexo y a su determinación.

En el gozo del placer sexual influye mucho la formación de la infancia y las primeras experiencias sexuales. Si se vivió una infancia demasiado reprimida, el gozo sexual va seguido de un severo complejo de culpa. Hay mujeres que dicen no sentir ningún deseo ni necesidad sexual. Alguna me decía: "Yo me divorcié hace algunos años y desde entonces no he tenido mucho sexo que digamos. El sexo en general juega un papel muy insignificante en mi vida y en realidad no lo echo de menos. No tengo hombre que me moleste ni el problema de los hijos".

Por otro lado: "El sexo es la más hermosa forma de comunicación sin palabras, basada en

la comunicación de los cuerpos. Y es la más profunda comunión de dos personas, en donde el individuo se puede expresar como ningún humano pudo concebir jamás".

Una casada me decía: "Mi esposo es el mejor amante del mundo y espero tener sexo hasta que yo cumpla los cien años".

Y otra opinión: "El sexo es hermoso porque es un contacto de tal dimensión con otra persona que me hace pensar que ya no soy un ser solitario confinado a mi propio cuerpo".

Si la mujer está emancipada va incluso proponiendo al hombre hacer el amor si ella se siente atraída hacia él. Y ella también va experimentando mucho más gozo y menos complejo de culpa. La mujer que ha tenido una vida sexual normal siente un deseo sexual más profundo que aquella cuya infancia y tal vez su matrimonio ha sido conflictivo. Ese deseo vehemente no terminará sino con el paso de los años. Lo mismo sucede, aunque un poco mas tarde en el hombre. Pero siempre será para él y para ella un gran placer, si su mente está despojada de prejuicios.

7. La unión conyugal (unidos con el mismo yugo) es la expresión más genuina de la sexualidad. Es por esto que esta unión es comunitaria, porque en última instancia tiende a la formación de la comunidad familiar.

Se distingue de la "autogamia", que sería una unión esporádica y casual y no permanente. En su forma definitiva, la sexualidad, la que conocemos en nosotros mismos, va a ligarse irreversiblemente a la propagación de la especie. Al unirse el espermatozoide con el óvulo y formar, por la fecundación, un embrión, que se desarrollará como adulto, los cónyuges trasformados en generadores, ya no han trabajado para ellos mismos. De comunitaria, la sexualidad se ha vuelto altruista. Se considera en función del otro, y si no es en función del otro, tenemos las desviaciones de la sexualidad, como la masturbación, la pornografía, la prostitución, la bestialidad, etc.

8. La naturaleza misma del hombre ha solidarizado a los dos sexos con el encanto y las consecuencias de la función sexual de la pareja. La integración exige no solo ajuste anatómico de los órganos copulares del varón y la hembra, sino una serie de coincidencias perfectas siempre renovables. Fisiológicamente los automatismos individuales son dominados por los imperativos de la biología de la pareja. Existen determinismos biológicos en el hombre, y también psicológicos y espirituales que dominan el determinismo de la acción voluptuosa.

¿En qué consiste esa acción voluptuosa? En el dinamismo de atracción mutua de los dos sexos. Atención instintiva de los cuerpos entre sí. Atención instintiva que no es estética. Los órganos genitales están hechos el uno para el otro, el pene para penetrar la vagina y la vagina para ser penetrada por el pene. Pero la estética del cuerpo humano sí influye como parte integrante de los dos sexos. Existe la química del misterio: ¿Por qué me es más atractivo este cuerpo en particular? Es lo que se llama mi objeto sexual. El seminudismo es a veces más atractivo que el nudismo crudo. (El misterio siempre atrae). Las modas en hombres y en mujeres hermosas y jóvenes se hacen mas atractivas por algunas partes descubiertas de su pecho, en su tórax, en sus muslos, en sus piernas. Las revistas, fotos y espectáculos sexuales tienen una enorme acogida.

Y es porque el placer sexual es el máximo entre todas las voluptuosidades instintivas.

El hombre, como ser inteligente cultiva el instinto. Trata de establecer la mayor distancia posible entre la necesidad de satisfacer una tendencia instintiva y la satisfacción que de hecho le concede. (Recordemos en el medio evo el amor a la mujer imposible; "la dama de mis pensamientos" del Quijote).

Al hombre le pasa lo mismo que a la abeja: No existe sin sociedad. El hombre aislado es una quimera del espíritu. En el hombre, la función sexual no solo está regulada por un sistema nervioso en extremo perfecto, sino por un cerebro que lo hace consciente de su relación con los demás. Mantiene su vida de relación no solo gracias a estímulos senso- riales, sino gracias al pensamiento. Habría que subrayar la importancia de la imaginación en el erotismo. Solo pensar en el objeto sexual produce la erección. Lo que no sucede en los animales que se mueven solo por el instinto.

Cabe destacar también el hecho de la abstinencia sexual. La abstinencia sexual no querida y no asimilada y por tanto reprimida, produce toda clase de consecuencias nocivas. La no integración del pensamiento con el deseo instintivo, trae distorsiones que el cerebro no puede controlar.

Por el contrario, la abstinencia sexual libremente

escogida y aceptada en la plenitud de la madurez, comprendida e integrada, gracias al pensamiento de una filosofía global, aunque sea difícil, va a la par con la conservación de la integridad del individuo.

Veremos detenidamente como la inteligencia es por excelencia el principio regulador de la sexualidad humana y aún desde el punto de vista fisiológico, es en el cerebro donde se ubica el órgano coordinador de la actividad sexual (hipotálamo y glándula pituitaria).

9. Designio de Dios sobre el hombre. La panorámica de la sexualidad está comprendida de manera global por el designio de Dios sobre el hombre. El matrimonio en el Antiguo Testamento se revela en la alianza entre Dios y su pueblo. Hay una afirmación sin reservas de la sexualidad y del erotismo humano en el Cantar de los Cantares. La obra está vinculada a una fiesta de bodas, no trata solo sobre el amor conyugal sino sobre la belleza física del cuerpo humano y el amor sensual. "Si el Cantar de los Cantares, dice Schillebeeckx, describe las delicias del amor humano y la fresca alegría que lo rodea, teniendo cuidado de notar siempre el entorno natural de un bello paisaje, no se encuentra sin embargo, ni un solo rasgo de ligereza. Se pondera la virginidad que la joven ha conservado y se considera la fidelidad inquebrantable como expresión del amor verdadero: el amor es fuerte como la muerte. Quizás para reaccionar contra los ritos de la fecundidad, el Cantar de los Cantares no solo ensalza las glorias de la familia numerosa, sino que elogia sobre todo el amor humano" (El Matrimonio).

Cada vez es menos posible ni recomendable la familia numerosa no solo por el problema económico sino también por problemas emocionales y educativos.

Cada vez hay menos tiempo y espacio.

No nos corresponde la comprobación científica e histórica del hecho de que el Ser Absoluto se haya dirigido como Persona a toda la humanidad por medio de su Palabra. Esa PALABRA ENCARNADA es JESUCRISTO. Esta investigación histórica se sigue profundizando por medio de la Teología, que es el estudio de Dios.

La Biblia plantea un plan salvífico de Dios sobre el hombre, una redención cósmica del Verbo de Dios que se hizo materia y que redimió a todas las cosas, al hombre y también al sexo. Por eso hablamos de un estudio de la sexualidad a la luz de la Palabra de Dios.

Hemos considerado de manera rápida los elementos de la sexualidad, pero debemos proseguir en ascensión constante para obtener una mayor claridad sobre la existencia humana hasta llegar a la misma Fuente Creadora y Generadora de toda la energía que existe en el hombre, como alguien hecho a la imagen de Dios. Elevado luego a participar de la misma naturaleza de Dios, por la Gracia, debe participar en su designio Creador. Nuestro deber ante su palabra es escuchar, obedecer y actuar.

La Palabra de Dios da un sentido trascendente a la sexualidad humana y por tanto la posibilidad de una manera de existir el hombre nuevo. Sobre el orden natural Dios construye el sobrenatural. El, cuenta con nosotros, para realizar su obra en el mundo.

Obviamente la misión cósmica y encarnada de la sexualidad no fue asimilada debidamente en el pueblo cristiano por las fallas del magisterio en explicar el sexo desde el misterio de la Encarnación del Verbo.

Por el contrario, se tuvo miedo del sexo porque se confunde Inocencia con Ignorancia.

QUINTA CONFERENCIA

ARTÍCULO SEGUNDO - BELLEZA DE LA SEXUALIDAD

1. Obra de Dios Creador. Instinto y razón.

Misterio de la vida, donde se conjuga maravillosamente lo material con lo espiritual. La naturaleza se muestra pródiga de vida, por todas partes pululan gérmenes. "Por todas partes ella multiplica las semillas y estaríamos tentados a decir que exagera. Pocos de estos gérmenes llegan a fecundar o a ser fecundados y menos aun a madurar. Son muchos los llamados y pocos los escogidos", dice Jean Guitton.

En esta vía del amor todos los seres están invitados quizás porque en cada uno ha resonado el secreto llamado de la especie. Sabemos que el amor es difícil y complejo en el ser humano. Por eso entre todos los seres de la creación el hombre es el único que puede efectuar en la unión sexual "la liturgia del amor". Es la común unión: Comunión.

Negar la belleza de la sexualidad es en cierta manera negar o corregir la obra de Dios. La influencia maniquea hizo estragos en el pueblo cristiano: engendró el pesimismo sexual. Contra esos pesimistas hay que recordar lo que Dios dijo al final de su obra creadora: que todo era bueno. Y no excluyó al sexo. "Y vio Dios que todo estaba bien. Que el hombre estaba bien y la mujer también. (Gen. 1,31).

La mujer fue creada como compañera del hombre: "No

es bueno que el hombre este solo, hagámosle una compañera..." No sabemos realmente de donde salió en el Oriente la preponderancia exagerada del hombre y cómo se ha extendido por todo el mundo, en especial en el mundo hispano. No se quiere aceptar la igualdad de derechos en la mujer sino a regañadientes. Solamente se exalta y admira su belleza y su atractivo sexual. Por influencias de la misma Religión y de las culturas en que hemos sido criados, nació y se cultivó el machismo. El hombre lo controla todo y no comparte con su mujer.

2. Belleza polifacética de la sexualidad. En el aspecto biológico es un milagro de primer orden: Un cromosoma contiene toda la Humanidad. En el aspecto psicológico la tendencia sexual es la materialización del amor espiritual. La unión corporal simboliza la unión total y el amor integral. No necesariamente la relación sexual es amor. Por eso "hacer el amor" no es muy exacto. El amor es, y si no tiende a estabilizarse, no es amor verdadero, porque el amor no tiene límite de tiempo y también comprende la totalidad, por ejemplo los hijos, si los hay.

Un amor afectivo-platónico entre hombre y mujer, parece una utopía en el campo de la realidad. Es muy difícil que no llegue a la unión sexual en última instancia. Aunque no imposible. Hay ejemplos de profundo amor entre dos personas de diferente sexo: Santa Teresa y San Juan de la Cruz fueron íntimos amigos, sin que se diera relación sexual.

La belleza del amor humano y de la sexualidad en particular puede inducir a divinizarla. En el mundo griego Venus era la diosa del amor. No podemos hacer del sexo el absoluto. Endiosar el sexo es un exceso. Todo exceso es vicioso. Endiosar el placer, el dinero, el juego o cualquier otra cosa es volverse esclavo de ese ídolo y perder el control de uno mismo. Pero también es un error poner como centro de nuestra vida el dolor y desterrar el placer. El Cristianismo influyó mucho en esa filosofía del sufrimiento. Vimos mas Cristos ensangrentados que Cristos resucitados. Y se enseñó a desear la muerte más que la vida. Santa Teresa decía: "Y tan alta vida espero, que muero, porque no muero". Por supuesto que la muerte no es sino la continuación de la vida en el espíritu.

3. La Biblia dice: "Hagamos al hombre a nuestra imagen y semejanza". "Y Dios dijo: No es bueno que el hombre esté solo, hagámosle una compañera". Y Dios hizo a la mujer, del mismo cuerpo del varón. Y les dijo:"Creced y multiplicaos y llenad la tierra" Y ellos hicieron hijos e hijas.

De acuerdo con esta narración no hay motivo por que se identifique el pecado original de nuestros primeros padres, con la relación sexual. No puede Dios castigarlos porque cumplieron con su mandato de procrear. Sería una contradicción. Pero, cualquiera haya sido la desobediencia, produjo en la pareja vergüenza de estar desnudos y tal vez por eso se ha identificado la trasgresión con la relación sexual. Tuvieron miedo a su cuerpo. Y ha permanecido ese miedo desde entonces.

La Biblia es muy sobria en sus relatos y por tanto simple y realista. Cuando Dios terminó su obra, dijo que todo estaba bien. Sin excluir el cuerpo del hombre y el de la mujer.

Desde los inicios de la humanidad el arte y la literatura se hicieron cargo de exaltar la belleza del cuerpo humano. Los griegos crearon la Venus de

Mileto y los romanos dieron culto a las formas en las miles de estatuas de la Roma imperial.

Y los grandes artistas del Renacimiento exaltaron la belleza del cuerpo en las creaciones de Miguel Ángel y de Rafael, en las Vírgenes de Murillo, las bellas de Ticiano, "Diana y Callisto" de Palma Vechio, que muestra la belleza femenina en variadas posturas, las Madonnas de Lorenzo Lotto y Titian con su Venus y Paris Bordon y Tintoretto. Goya en España con su Maja Desnuda. Es enorme la lista de artistas que han admirado la belleza del cuerpo humano. Pero han encontrado grande oposición en las Iglesias tradicionales y en los enfermos de fanatismo. Algunos fueron perseguidos por la Inquisición y se les prohibió pintar, como a Rembrandt. Los tiempos han cambiado en parte y el moralismo religioso ha disminuido. Se tiene ahora una actitud tolerante. A veces se abusa del sexo y se prostituye su innata belleza. Se va llegando a otros extremos que desvirtúan todo su encanto de pudor y de ternura. Pero su belleza siempre será alabada. Thomas Mann es uno de los grandes pensadores que ha exaltado la belleza del cuerpo humano.

ARTÍCULO III - DOMINIO DE LA SEXUALIDAD

Hablamos de la belleza del cuerpo y de la sexualidad contra los pesimistas sexuales que todo lo ven malo. Ahora vamos a tratar en contra de los desbocados sexuales, los que se pasan de raya en lo relativo al sexo y les falta control de sus sentidos y respeto de sí mismos y de los otros. La sexualidad en concreto exige una enorme responsabilidad y encierra peligro por el desorden que existe en nuestra naturaleza viciada y débil. Hay una tensión permanente entre la tendencia instintiva y la voluntad de dominio.

1. ¿Que es la tensión? Podríamos verla en una especie de ecuación así:

Tendencia instintiva + voluntad de dominio, + debilidad de la persona = tensión.

La distensión de la tensión se da por la satisfacción sexual. Esta tensión es de algún modo disminuida en las personas que tienen su pareja y tiene una relación regular. Hay diversos casos patológicos en que el individuo no domina sus instintos sino más bien es dominado por ellos. Este dominio despótico de la pasión es un desorden, un pecado. El pecado, según San Agustín, es volverse a la criatura hasta el desprecio de Dios. Y la virtud, es el desprecio de la criatura hasta volverse a Dios.

Otro dominio despótico del sexo, es inconsciente, porque es causado por paranoias y neurosis obsesivas. Se hace el sexo de manera inculpable porque no hay ejercicio de la razón. Son enfermos. Tenemos que darnos cuenta de que vivimos en medio de una sociedad enferma y por tanto irresponsable.

Pero todavía hay miedo y vergüenza ante el sexo, ante el cuerpo, ante la desnudez. Por eso hay tensión. Esto procede del ancestro cultural y de la peligrosidad que conlleva la sexualidad, no la desnudez en sí misma. Porque hay figuras desnudas que son hermosas y producen fruición estética y otras que están hechas directamente para provocar deseo y pasión. Como también hay cuerpos deformados y feos que provocan nauseas.

Entonces, ¿debemos reprimir nuestros deseos? Sí. No se pueden satisfacer todos nuestros deseos. No puedo satisfacer el deseo de estar con la mujer de mi prójimo porque va contra el derecho del otro. Tengo una libertad limitada por los derechos de los demás. La educación es de una u otra manera una limitación a nuestra libertad y a nuestros deseos. Es necesario controlar mi deseo para poder vivir en sociedad. Yo me reprimo. Pero no es la represión aquella excesiva y dañosa ejercida por padres, maestros y jefes religiosos.

Esa represión que yo uso conmigo mismo es necesaria. La sociedad tiene que tener reglas y las debemos observar para facilitar nuestra convivencia. Alguien tiene que parar en un cruce para que el otro pase. Si no, nos destruiríamos.

Todos los seres humanos andamos en busca de la felicidad. Dice Freud que "la felicidad" consiste en la satisfacción de los deseos reprimidos de la infancia. Sin embargo, no todas las satisfacciones del yo nos acarrean felicidad estable, especialmente si no tenemos en cuenta al otro. La felicidad es subjetiva. Lo que me hace feliz a mí no hace feliz a otro. Mi experiencia personal es que me siento más feliz cuando hago feliz a otro. El acto sexual me pone también en la posibilidad de tener descendencia.

No me puedo lanzar a una carrera desbocada e irresponsable hacia la procreación. Y otro aspecto importante es el peligro de contagiarme y contagiar, si satisfago todos mis deseos indiscriminadamente.

Ya hablamos de la libertad: no podemos tener una libertad ilimitada. El otro nos limita la libertad. Y si estamos sin el otro estaremos limitados por la falta del otro, no podemos disfrutar de su compañía, no tenemos interlocutor. Ya sabemos que nuestra libertad va hasta donde comienza el derecho del otro.

En la sexualidad la relación con el otro es muy importante. Si se satisface solo, es de una manera momentánea y efímera. A no ser que se haya adquirido el vicio de la masturbación. Lo que siempre supone por lo menos la imaginación del objeto sexual. Siempre necesita del otro.

En conclusión, una cosa es el dominio racional de nuestros deseos y otra es la represión rígida irracional a las legítimas satisfacciones de la vida.

2. Naturalmente la tensión se aumenta con la prohibición. Si la prohibición es irracional, acrecienta la curiosidad. Así hay más tensión y por tanto aparecen obsesiones y hondas perturbaciones mentales que llamamos neurosis en las personas reprimidas. Vivimos en una sociedad angustiada, con alto dominio del "estrés": hay personas víctimas de escrúpulos y otras víctimas de los excesos más aberrantes. Hay muchos que han hecho voto de castidad forzados por la necesidad o el engaño.

Sienten por un lado una Moral establecida represiva y por todas partes la atracción al placer, y la invitación a la satisfacción de los deseos. Satisfechos los deseos, muchos quedan enfrentados al complejo de culpa o/y al castigo de la sociedad hipócrita.

Todo este desorden proviene de las cargas culturales contenidas en nuestra educación.

Solo se puede evitar con un poco de libertad de espíritu y de mente. La que no se adquiere sino con cierta independencia iconoclasta que se rebele contra los valores establecidos y cree una nueva jerarquía de valores. Tenemos que admitir a la sexualidad como un valor y crear el valor de la sexualidad responsable.

Cuando encontramos a alguien que lo han enfermado los prejuicios religiosos, para curarlo necesitaríamos una terapia que consistiría en cambiarle el concepto de un Dios - Tirano por el concepto de un Dios- Amor. Es posible que se necesite un tratamiento de varios años. Un Dios-Padre, comprensivo, amoroso, como el que nos enseña Cristo. La mayor parte de estos prejuicios son complejos de culpa.

El sabio dominio del sexo es contra los puritanos inhibidos y reprimidos que ven pecado en todo. Condenan el placer y el sexo como algo repugnante, indigno del hombre.

Tenemos que ver no solo la necesidad de dominio sino también la posibilidad de dominio contra la tendencia materialista, libertina, comercialista y pornográfica que le quita al sexo todo su encanto, su pudor y su maravilloso misterio.

En efecto, el sexo es placer, emoción, deleite, entrega, deseo voluptuoso, imaginación, pasión, éxtasis. Puede contener un diálogo amoroso y debe conllevar responsabilidad y respeto. Muchos pueden tener hijos pero no todos saben ser padres y madres.

La sexualidad envuelve toda nuestra vida. Por medio del sexo vinimos al mundo; gracias al sexo tenemos padre, madre, hermanos, hermanas. Todos nuestros parentescos y todos los seres humanos son producto de la relación sexual.

Cuando no hablamos del sexo parece que nos avergonzáramos de nuestro origen. Y eso ha pasado con nuestros maestros. Al parecer ahora se comienza a llenar ese vacío y se enseña la belleza de la sexualidad.

Hay otra experiencia excitante que algunos asumen con toda seriedad: la continencia. De hecho se aconseja vivir la continencia hasta el matrimonio. Esa es la continencia temporal y la otra es de por vida. Se puede vivir continencia perpetua. Lo han probado sacerdotes y monjas. Continencia viene de contener o reprimir. Ellos se contienen, lo ha probado la historia. Pero siempre tienen que buscar sustitutos a su afecto. Sustitutos muy fuertes, como el amor a Dios, la afición por el dinero, por objetos, (los coleccionistas), por el alcohol, por el juego, por la droga, o el amor profundo a Cristo como sustituto del esposo para las monjas o a la Madre de Jesús, sustituto de esposa para los sacerdotes.

A veces se desborda ese afecto y se convierte en pederastia, en homosexualismo o en lesbianismo y a veces en enfermedades neuróticas.

La antropóloga Margaret Mead estudió la conducta sexual de un grupo de gente llamada Arapesh (1935). Una de las cosas que ella aprendió es que los Arapesh aceptan el coito sexual bajo los lazos del matrimonio solamente. Su ideal es más doméstico que romántico y toman muy en serio el sexo.

En forma general, el modo de pensar y obrar con respecto al sexo, es bastante variada, determinada por el tipo de cultura y supercultura del individuo y del ambiente social.

3. Consecuencias. Cuando vemos tantos ejemplos de mal funcionamiento de la conducta sexual, se nos vienen muchas preguntas.

¿Cómo imponer un orden en algo que envuelve cuestiones importantes que afectan profundamente la vida? ¿Cómo se puede continuar un estudio de la sexualidad, sin crear complejos de culpa, sin reprimir irracionalmente, pero al mismo tiempo sin crear un irresponsable libertinaje? ¿Cómo limitar su ejercicio a la responsabilidad de la persona y a su capacidad física y psicológica?

Es un fenómeno que está latente en cada ser humano. Cada uno de nosotros tenemos los componentes para procrear otro ser humano. Tenemos la semilla de la humanidad. Pero el ejercicio de la sexualidad tiene que ver con la inteligencia humana, con la integridad de la persona y su madurez corporal y espiritual y la interacción de personas, familias y grupos comunitarios.

Tenemos que ser conscientes de ser hombres. Tenemos que ver la diferencia entre la sexualidad humana (asumida libremente) y sexualidad animal (asumida irracionalmente).

Es decir, el ser humano debe tener control sobre sus instintos; el animal, no.

Cuando el hombre no toma control de sus instintos queda en peor condición que el animal, ya que carece del dominio automático de que goza el animal. Sabemos que la naturaleza estimula al animal a ejercitar su sexualidad en ciertos períodos del año y en otros lo deja tranquilo. El hombre, en cambio, dotado de inteligencia y voluntad, está dispuesto al sexo casi siempre, y debe al mismo tiempo dominar sus tendencias. A no ser que esté mentalmente perturbado. Entonces aparecerían las perversiones sexuales que no se dan en los animales. Seamos conscientemente hombres.

SEXTA CONFERENCIA

ARTÍCULO IV - EL SIGNIFICADO DE LA SEXUALIDAD

1. La sexualidad es la diferencia sustancial que destaca la cualidad de variaciones de intensidad que indican la masculinidad o la feminidad (cuerpos, emociones, inteligencia, voluntad, sensibilidad, religiosidad) y que resulta al final en la maternidad o paternidad, al menos en los sentidos análogos. Todo esto en vista de la función reproductiva, activa en el mundo material o espiritual.

Si tanto la paternidad como la maternidad son completamente humanas y deben estar en grado de entenderse y comunicarse, parece necesario encontrar una masculinidad y una feminidad secundaria en cada uno de los individuos, sean hombres o mujeres.

Esta descripción no viene a resultar culpable de biologismo. La biología está simplemente relacionada con la reproducción instrumental del organismo humano. Ya sabemos que puede producirse la vida en tubo de ensayo o por inseminación artificial. Por supuesto que cuenta siempre con los genes y estos provienen de los humanos si se trata de producir seres humanos. Es la misma naturaleza la que ha dispuesto así el sexo para prolongarse.

2. La Biblia dice: "A su imagen lo creó", Dios creó al hombre macho y hembra. En Dios está incluida la maternidad y la paternidad. ¿Cuál es la imagen? La mujer trae las conclusiones. El hombre, la

providencia. El hombre simboliza la creación. La mujer, la conservación.

En cada cultura hay historias acerca del origen del hombre. Los griegos se referían a seres mitológicos con cuatro brazos, cuatro piernas, dos caras, órganos sexuales de hombre y mujer al mismo tiempo. Estos seres eran partidos en dos por Júpiter (Zeus) para disminuir su fuerza y habilidad. Estas mitades andaban luego la una en busca de la otra, buscando restablecer la perfecta unión que antes gozaban.

Algo semejante se establece en la relación bíblica en la que la mujer es sacada del costado del hombre. Y la atracción mutua nace de la necesidad de volver a ser uno.

Surge también de la narración bíblica la dimensión masculina de Dios, como Padre y Señor del Universo. Y la cara femenina de Dios en su ternura y amor por sus criaturas.

El mismo se compara a una madre cuando dice: "Primero se olvidará una madre de su hijo que Yo olvidarme de aquellos que me aman".

3. "Creced, multiplicaos, llenad la tierra y dominadla":

a) Con la generación como extensión natural de la raza humana, el hombre inicia y la mujer nutre, educa y levanta.

b) Reordenar y controlar las fuerzas naturales en el espacio y en el tiempo: el hombre inicia, la mujer conserva.

c) Así como la tradición Judeo-Cristiana habla de

Adán y Eva como origen de la

humanidad, la cultura China describe su mundo en términos de Yin y Yang. Esas dos cualidades combinadas crean la perfecta armonía de la naturaleza. El cielo y la tierra, el sol y la luna, el hombre y la mujer producen una combinación perfecta y son las fuentes de la vida.

4. La sexualidad humana es necesaria para la maduración de la prole.

a) El ser humano debe aprender a aceptar este potencial, su único potencial. Lo aprehende de una figura maternal: la madre.

b) La persona humana debe aprender a esforzarse por asumir su potencial: este sentido de satisfacción por el triunfo lo aprehende de la figura paternal: el padre.

c) La persona humana toma posesión de sí misma solo por grados, y sus experiencias y las de otros las toma por el momento solo reflexivamente. Aunque el hombre es el activo, el que inicia intelectiva y volitivamente. Sus impresiones son largamente fortalecidas por las figuras del padre y la madre.

d) La raza humana se asume culturalmente del modo más amplio, de la iniciativa de figuras masculinas y femeninas.

e) Debemos tener en cuenta el significado de matrimonio. Viene del latín "matris munus", que significa "oficio de madre". El oficio vital de la madre es "nutrir". En su seno se ha nutrido el feto por nueve meses a través del cordón umbilical. Al nacer se corta ese cordón pero sigue dependiendo del pezón materno que lo alimenta con su leche y con otros alimentos hasta que él puede valerse por sí mismo.

El patrimonio, "oficio de padre", es la herencia. El oficio asignado al hombre por esta sociedad, es proveer un futuro, dejar a sus hijos un patrimonio. Este se halla ligado íntimamente con la educación y la posibilidad de que el ser humano pueda valerse por sí mismo para conseguir el pan. Oficio complementario de la madre, relacionado con el sustento, el vestido, la casa, la educación, el porvenir.

Así la sexualidad humana está adaptada para dos en la unidad. Se tiene en cuenta la creatividad del amor que desea la encarnación. La pareja que se ama quiere al hijo como la encarnación de su amor mutuo. Se unirán en él, sus virtudes y sus defectos.

Son raras las parejas que amándose no quieren al hijo. No todas dan las mismas razones: Hay quienes son escépticos al mundo en que vivimos y por eso no quieren traer una nueva víctima de la crueldad de esta sociedad. Hay quienes no pudiéndolo concebir por razones biológicas, han arreglado su mente, que no lo quieren aunque pudieran. Hay otros que simplemente no quieren molestarse con las responsabilidades de la paternidad y de la maternidad.

5. El amor, a diferencia de otros sentimientos, comienza por un estado violento y por una crisis casi enfermiza. Pero una vez que esta crisis ha obtenido la unión, existe una nueva realidad, un nuevo desarrollo en el tiempo. Es otro tema de estudio: la duración del estado amoroso. En realidad es el estado voluptuoso, lo que no es amor de verdad. Es más bien el enamoramiento: un amor desordenado a sí mismo.

Pero al amor no lo podemos considerar solamente en

su comienzo, ni como crisis. Sería definir un río como una inundación. El amor humano y su manifestación más profunda en la unión sexual permite reconocer la obra común de dos libertades.

6. Desde el punto de vista ético-filosófico, la sexualidad se presenta como una reglamentación bajo la forma de la represión del incesto, como hecho fundamental de las sociedades humanas. El problema es saber en qué condiciones y según qué esquemas intelectuales y afectivos, esas reglas sociales pueden ser vividas en el marco de la experiencia con- creta de cada ser humano.

Sabemos que hay autores que encuentran una solución sencilla, (como Kinsey), haciendo de la sexualidad una necesidad corporal. Esta solución es tan cómoda que puede dar base a dos extremos: a una moral relajada o a una moral represiva y rígida.

El sexo no es ajeno a la vida total del individuo y de la sociedad, como nos lo han hecho creer. Pero no por esto debe acaparar por exceso o por represión las actividades del ser humano. En otras palabras no se trata de hacer el sexo solamente porque se siente deseo a la manera como se bebe un vaso de agua cuando se tiene sed. No se debe usar a la mujer o la mujer usar al hombre: ambos tienen que desearse mutuamente o despertarse el deseo mutuo. Ni la sexualidad es una necesidad fisiológicamente autónoma: el deseo, el sentimiento, la imaginación condicionan abiertamente la función sexual y la comunión de voluntades.

La misma naturaleza ha dispuesto que mientras más necesaria es una función para estar vivos, menos satisfacción o placer causa. En cambio cuanto más placer produce menos necesaria es para la vida. Es el caso del ejercicio de la sexualidad. Todo estudio de la conducta sexual debe tomar en consideración la parte emocional y la parte física. El sexo, insistimos, no lo podemos tomar solo desde el punto de vista biológico sino integrado.

7. Represión sexual o liberación sexual.

¿Cuál de estas dos ha predominado en nuestra civilización? La primera ha dominado la mayor parte del pasado. Nuestra civilización ha estado influida por las doctrina de un filósofo iraní llamado Maniqueo.

El estableció que la materia es origen del mal y el espíritu origen del bien. Por consecuencia el cuerpo es malo y el alma es buena. Esta doctrina, que se llamó maniqueísmo dominó en la Cristiandad durante dos milenios con algunas interrupciones, tal vez, el Renacimiento. Entre griegos y romanos también hubo una liberalización del sexo. Actualmente coexiste, encontramos los extremos en todo los estratos de la sociedad. Dice Haveloc Ellis: "El placer sexual sabiamente usado y no abusado, puede probar ser el estímulo liberador de una de nuestras más finas y excitantes actividades".

SÉPTIMA CONFERENCIA

ARTÍCULO V - CARACTERÍSTICAS DEL AMOR
PERSONALÍSTICO

Son dos fundamentales características del amor
personalístico: siempre es un amor total y siempre es
un amor durable.

1. AMOR TOTAL. El amor aparece como total, es
decir, acaparador, incompartible, celoso. Puesto que lo
hemos considerado como una donación integral, se
comprende que no se puede decir me doy a tu cuerpo
pero no a tu alma. O amo tu inteligencia pero no tu
cara. Ni me doy del todo a esta persona y luego me
doy entero a la otra. Hay hombres que a varias
mujeres les dicen: tu eres la mujer mas hermosa que
he conocido o te quiero con toda mi alma como nunca
he querido a nadie. Son fenómenos de la vida
cuotidiana.

Esta totalidad tiene tal fuerza en el amor que aun los
que no se han parado a examinarlo, lo experimentan, y
se sienten vacíos si el amor no es total.

Evidentemente no se trata del amor social o
profesional, que es sencillamente universal y que goza
de una gran apertura. Ni del amor familiar, materno,
paterno, fraterno, etc. sino de un amor personalístico,
que como tal, solo admite que se ame a una sola
persona. Este amor personal es incompartible.

Se deducen ciertas consecuencias:

Primera: No se puede amar a medias. Es imposible un

amor platónico, por ejemplo. No porque en él no se pretenda amar, sino porque el amor platónico no ama sino una parte de la persona, excluye la corporeidad, al sexo que es parte del ser humano.

Segunda: No se puede amar con un amor personal a varias personas a la vez. Poligamia y poliandria son imposibles fenomenológicamente hablando. Igual que en el harén o en la prostitución, la mujer no es persona sino objeto.

2. AMOR DURABLE. Es muy sabido que los enamorados perdidos se juran amor eterno. Es una exigencia del amor personalístico. Amor sin límite de tiempo.

Amor que no es solo para el tiempo de estudios ("Amor de estudiante") o para las vacaciones. No quiere ser un simple "flirteo" pasajero.

Amor personalístico y limitación de tiempo es una contradicción en los términos, porque la persona amada y la amante no son seres abstractos, sino muy concretos, que se mueven en el mundo y en el tiempo, son personas que se hacen, que duran. Es el amor en que la persona se da, haciendo abstracción del tiempo. Este amor exige que se dé totalmente incluyendo lo definitivo. El enamoramiento no es algo permanente.

Por tanto con el tiempo y mundo en el que se mueve, da todo lo que tiene; lo da: tiene el tiempo, luego da el tiempo. Si construimos un amor provisorio, ya no se puede amar con amor personalístico. La persona ya no se descubre como persona sino como cosa que interesa más o menos por cierto tiempo. Es un amor inauténtico. Suena absurdo decir, por ejemplo: "¡Te amaré con toda el alma hasta diciembre del año entrante!".

Cuando se da un amor auténtico, se vuelve automáticamente indisoluble sin necesidad de acusar razones jurídicas o teológicas. El matrimonio se acaba cuando no hay amor.

ARTÍCULO VI - RELACIONES DEL AMOR ERÓTICO Y LA SEXUALIDAD

Debemos recordar que el ser humano es una persona concreta y el amor es concreto en la persona. Y por tanto lo debemos considerar como algo total, integral.

¿Cómo realizar esta integración?

1. Debemos considerar que el mundo afectivo es el sexo unido al erotismo y al espíritu.

2. El ejercicio de la sexualidad solo se puede considerar como una manifestación de la persona que ama hacia la persona amada.

El egoísmo propio del sexo debe abrirse a la expresión altruista, apertura al TÚ. Es punto importante en la iniciación del amor. En realidad de verdad, no se debería hablar solo de la iniciación sexual, sino de la Iniciación para el Amor. A veces la iniciación sexual se reduce solo a cuestiones preventivas de las enfermedades como el SIDA y otras, o a las explicaciones fisiológicas y reproductivas, pero no a la consideración del amor integral.

3. La sexualidad no es el todo en el fenómeno afectivo. Aunque hace parte muy importante en la totalidad del ser humano. En algunos casos la sexualidad es la dimensión dominante: como en las personas obsesivas hipersexuales y/o ninfómanas.

Puede ocurrir en determinados períodos de la vida del individuo, como en la pubertad, durante el enamoramiento que es solo por atracción sexual, en la edad madura, entre los 40 y 50 (el demonio meridiano), etc.

La sexualidad está íntimamente ligada con todos los aspectos de la vida. Casi todos los trastornos mentales nacen de una vida afectiva insatisfecha. Hay que explorar la historia de cada individuo y encontramos la explicación de sus confusiones y frustración.

4. La sexualidad está abierta al eros, es decir al aspecto psicológico del individuo.

La sexualidad no debe encerrarse en sí misma, sino que debe abrirse al amor humano, debe descubrir el TU. Así se integra en la totalidad del amor. Si la sexualidad no se integra, se siguen malas consecuencias, como:

a) Sentimiento de frustración afectiva: solo se llega a la plenitud cuando la sexualidad es integrada al amor humano. Esa frustración puede generar inhibición. Por ejemplo, la persona se puede volver hipersexual. En sus continuos intentos de realizar el acto sexual no lo puede hacer porque la misma obsesión psicológica le impide la eyaculación y hasta la misma erección.

Conocí el caso de un muchacho de la escuela, encaprichado por una compañera de clase que siempre lo ignoraba. Sorpresivamente un día la muchacha lo invitó a su cuarto y se le ofreció para que le hiciera el sexo. Embargado por la emoción, él trató de hacerlo, pero no la pudo penetrar y se derramó por fuera.

La muchacha perversamente le dijo: "¡Tú no eres un hombre para mí!" El muchacho no se pudo reponer de esta humillación y quedó frustrado. No se ha podido reponer de su "falta de hombría" y sigue negándose intentar cualquier relación con una mujer. Necesita un tratamiento psicoanalítico completo.

b) Desintegración del amor en dos sentidos: La sexualidad es transitoria porque es instin-tiva. Como todo instinto, sus satisfacciones son momentáneas y a la satisfacción sigue una especie de postración, vacío y a veces depresión. Es decir: a la satisfacción sigue una insatisfacción. Porque la sexualidad es transitoria, el amor es eterno. El amor es durable. Por tanto si la sexualidad no es humanizada por medio del amor integral siempre quedará caracterizada por su transitoriedad, contra el sentimiento profundo del hombre en medio de esta lucha. Habrá desequilibrio y/o desilusión.

Si prima el instinto viene la ruptura del matrimonio. Si hay egoísmo se busca la propia satisfacción. Pronto viene el desengaño. Es unión que no dura. Casi siempre la mujer es más espiritual que el hombre y ha aprendido también a ser más sacrificada. Ella, por lo general es la que unifica y quien más sufre los efectos de la ruptura, sobre todo si hay hijos.

Es también desintegración del amor, en cuanto el amor humano es personal. A la persona que ama le interesa la otra persona como tal, como persona concreta, con las vicisitudes de su historia.

La sexualidad, por el contrario, es anónima, esencialmente egoísta, solo busca el YO, su propia satisfacción, muy poco le interesa el TU. Solo le interesa el cuerpo del otro en cuanto le da placer.

Todo gira en torno al YO. No se tienen en cuenta los valores espirituales y la persona del otro. Por eso la prostitución trata al otro como objeto.

No nos cansaremos de repetir que si la sexualidad se vuelve altruista y cuenta con el TÚ, se volverá amor y hará mas estable el matrimonio y la familia. El amor es paciente, es servicial, el amor no es envidioso, etc. (1Cor.13, 4-13).

Lo que yo quiero enfatizar aquí es que la sexualidad separada de la totalidad humana, lleva a excesos impredecibles que le quitan al amor y a la misma relación sexual todo su encanto y ternura. Cristo no fue negativo ni hacia el sexo ni hacia el amor. "Dejará el hombre a su padre y a su madre y se unirá a su mujer y serán los dos una sola carne".

OCTAVA CONFERENCIA

ASPECTO RELIGIOSO-CRISTIANO DEL AMOR

ARTÍCULO I - ACTITUDES DEL HOMBRE ANTE EL AMOR COMO ALGO SAGRADO

La sacralización del amor es un elemento del misterio de la salvación, descubierto por la Palabra Revelada. Hace parte de la historia de la salvación.

1. Revelación primitiva.

Hay una evolución progresiva en la pedagogía de Dios: Para comprender la revelación primitiva sobre el amor cristiano hay que conocer la concepción religiosa del amor en sus coetáneos. En el ámbito cultural pagano de Palestina, se consideraba la vida y el amor como realidades sagradas que se relacionaban con las divinidades. De dos maneras: Primero. En el terreno doctrinal, la relación con la mitología proyectaba sobre los dioses los problemas y conflictos humanos. Los dioses se portaban como los hombres religando amor humano y divino.

Segundo. En el terreno práctico, sacralizaban el amor a través de los ritos. Era la participación mágica del amor divino. Lo desintegraban en tres planos:

FECUNDIDAD: Dios padre y Diosa madre

AMOR PASIONAL: Dios amante y Diosa Amada

AMOR JURIDICO: Dios esposo y Diosa esposa

El Dios - Padre guarda mucha afinidad con el sol, con

la tormenta, con el mar....La Diosa Madre, con la luna, con la tierra, con el agua... Afrodita y Apolo son una proyección de los dioses amantes. Muchos ritos son una participación mágica. La unión de los dioses es una Hierogamia.

2. La Revelación Bíblica.

Todo el contenido bíblico rompe con la perspectiva religiosa del Oriente. No rompe las instituciones jurídicas, como el matrimonio, la poligamia, la prostitución, el divorcio legal, el concubinato. No aprueba la situación. Ni tampoco la desaprueba. Simplemente relata los hechos y las costumbres y las leyes del pueblo. Recuérdese el caso de Jacob, la descripción de su boda con Lía y lo que tuvo que trabajar para obtener a Raquel. (Gen.29 y ss). Cómo tuvo hijos de las criadas.

La Palabra de Jesús rompe radicalmente con la doctrina y con los ritos sagrados. El fundamento de esa doctrina es el monoteísmo de Israel. Yaveh es el único Dios y no permite más dioses. Por tanto el monoteísmo elimina o hace imposible la mitología.

La Biblia reacciona siempre contra la prostitución y la bestialidad sagradas: Dt. 23,18-20; Ex. 22,18; Dt.21 y Lev 18,24, nos dan una idea de la lucha entre el monoteísmo y el politeísmo. Esta desacralización del amor se logró muy lentamente. Las reformas jurídicas siempre vienen a lo último (Ex 32, 1Reg.12, 28).

Los paganos eran naturalistas, los hebreos poseen la religiosidad histórica. El amor se sacraliza aceptando la intervención de Dios en la historia humana.

a) Revelación bíblica del Antiguo Testamento: La nueva sacralización del amor se logra poco a poco con mucha paciencia de Dios. El amor aparece en la Biblia como un hecho sagrado desde el inicio de la vida (no como hecho biológico). La Biblia no hace biología.

Encontramos en la Biblia dos relatos del amor y su sacralización; la yahvista y la elohista. El protagonista del Génesis es el hombre y no Dios, como en las mitologías.

La relación yahvista es la más antigua, tal vez del siglo X a.C. Insiste en cuanto al amor y a la familia, en tres principios:

     I.   Igualdad esencial; entre el hombre y la mujer, "Esta es carne de mi carne", dice Adán.

     II.   Unión total del hombre y la mujer: "El hombre abandonará a su padre y a su madre e irá a vivir con su mujer". Donación única y total.

     III.   Monogamia: uno con una.

Relato elohista, escrito quizás en el siglo IV a.C. por un sacerdote. Insiste en la monogamia y no olvida la situación paradisíaca:

I.   Fundamenta monogamia con "Hombre y mujer a imagen de Dios".

II.   Igualdad de los dos, más dinámica y espiritual. Misión reproductiva: "Creced, multiplicaos, llenad la tierra y dominadla".

III.   Fecundidad como fin del mundo: potestad de dominar, ambos. Pero no el uno a la otra sino al mundo. Son compañeros. "Hagámosle una compañera".

La primera narración sacraliza el amor a causa de que

la sexualidad es buena. La segunda narración profundiza y busca la base: - La sexualidad ha sido creada directamente por Dios, - a su imagen, responde a la voluntad de Dios, El quiere que se reproduzcan. Antes de que el Creador se ocupe de la última obra, dice qué clase de ser intenta hacer, y entonces crea al ser humano: hombre y hembra. Forma al hombre y del hombre edifica a la mujer.

b) Evolución de la revelación bíblica. Quiere insistir en el amor paradisíaco y en sus tres cualidades: igualdad, unión total y monogamia. Allí se da la "religación" con Dios en cuanto que Dios los creó y los va espiritualizando y profundizando lentamente. Veamos las etapas. Antes de los profetas descubrimos dos aspectos: algunos matrimonios positivos, ejemplares; y algunos matrimonios negativos.

Primera pareja: Abraham y Sara. Es el primer matrimonio con que tropezamos. Abraham es un padre modelo para su pueblo. Lo presenta en el siguiente ambiente psicológico: Concubinato legal para afirmar y defender la fecundidad (Gen. 16,1-13).

Segunda Pareja: Isaac y Rebeca. La familia patriarcal es endogámica (solo puede casarse dentro del mismo clan) Gen.24,3-4. Problema: la fecundidad. Aparece ya el amor personalístico.

Tercera Pareja: Jacob-Lia-Raquel. Matrimonio endogámico con concubinato legal, es una verdadera bigamia legal. Cf. Gen.29, 15.

Todo el tiempo está en defensa de la fecundidad, existe amor personalístico y se da antes del matrimonio (Gen.29, 32).

Fecundidad, amor de levirato (Gen.38, 8): casarse con

la mujer de su hermano, si éste ha muerto, para que él tenga descendencia. Predominio de la fecundidad: alabanza de Tamar.

Desigualdad entre hombre y mujer: el hombre conserva el nombre, la mujer no. Se da mas libertad al hombre que a la mujer (Gen.29,25-29): Jacob tiene a Lia y a Raquel. En cambio la mujer adúltera es quemada viva o apedreada. Conducta de José: no se relaciona con la mujer que lo tentaba por no hacer un hurto y una traición a la amistad con Putifar.

Había más amor a la justicia que a la protección de la mujer o a la misma castidad.

Cuarta Pareja: David y Mikol. Matrimonio ideal. Hay amor sentimental y además antes del matrimonio. Aportación nueva: la mujer toma la iniciativa. I Sam.18.

Conclusión: El centro de la preocupación en el Antiguo Testamento es la fecundidad. La principal razón era ser parte de la estirpe mesiánica. Todos querían contar entre sus descendientes el Mesías Prometido. El amor sentimental aparece progresivamente. Este desarrollo progresivo se da en todos los demás eventos. En el amor, del aspecto biológico se pasa poco a poco al romántico amor personalístico. Hay también crisis matrimoniales, situaciones dramáticas como las ocurridas entre Adán y Eva.

Quinta Pareja: ADÁN Y EVA.

Después del pecado original de Adán y Eva se da una crisis entre los dos. Pecado de desobediencia, que no se puede referir directamente al sexo, puesto que el mandato de Dios es muy claro: "Creced y multiplicaos". La mayoría de los intérpretes opinan que se trata de un pecado de soberbia, pues la serpiente les dice: "Seréis como dioses". Pero aun cuando no se trata de un pecado sexual, hemos de admitir, sin embargo, que la relación sexual se ve afectada, se avergüenzan de estar desnudos y es un pecado cometido simultáneamente por el hombre y la mujer, en la colaboración de los dos, anda de por medio el amor.

Adán cede y la mujer explota su atracción femenina y en este sentido, lo afectivo se deja sentir en la sexualidad, con estas consecuencias:

- Tensión en la concupiscencia,

- Dominio del hombre sobre la mujer,

- Parto con dolor.

El Eros sigue siendo un aspecto positivo pero pierde su situación ideal paradisíaca y se distorsiona, como en la poligamia, la prostitución, el libertinaje, adulterio, y otras aberraciones.

1. La poligamia. Se da en la familia de Adán (Gen.4, 19-20); y causa muchas tensiones y violaciones (Abraham) y hasta idolatría (1Reg. 11).

2. Prostitución: cosificación de la mujer y otras malas consecuencias (Jue.16, 1-3) Sansón y la meretriz en Gaza.

3. Amor pasional sin control: atracción biológica no controlada. Ejemplo: incesto de Tamar y Amón (2 Sam.13, 11). De este hecho nacen todas las reyertas y guerrillas de palacio. Aquí presenta la Biblia por primera vez un análisis psicológico de este amor

pasional enamorado, historia para engañarla, violación y sentido de vacío después del pecado.

4. Adulterio. El de David y Betsabé que ocasiona muerte de Jefté, (esposo de Betsabé).

5.   Otras aberraciones: incesto ilegal, Lot con sus hijas (Gen 19,30-38). La bestialidad, el fetichismo, el sadismo. Prostitución sacra, idolátrica, conducida por la ley (Num.25, 21).

Dios tenía su plan de salvación y lo continúa después del pecado. Y lo restaura casi mejor que antes: "Donde abundó el pecado superabundó la gracia". Dios se ajusta a la dureza del corazón y a la lucha entre la descendencia de Eva y la serpiente.

c) Era de los Profetas. Los Profetas introducen un elemento nuevo en el amor, el comparar el matrimonio a la Alianza de Dios con su Pueblo.

Así se profundizan ambas cosas: LA ALIANZA y EL MATRIMONIO. Ambos son un pacto (Foedus) o pacto jurídico.(Se correría el peligro de ver ese solo aspecto).

Los Profetas profundizan mas y mas en el plan de salvación, aciertan a descubrir el amor mutuo, la cordialidad y la fidelidad. La Alianza de Dios con el pueblo no era solamente externa. Insisten en el aspecto interno: amor fiel. Así en el matrimonio no basta la unión jurídica sino que es necesaria la unión amorosa, cordial.

El Foedus de Dios con el pueblo es un ideal del pacto matrimonial. En las relaciones de Dios con el pueblo, Dios aparece como el ESPOSO, y es celoso. La idolatría lo lleva a la cólera como cuando el marido es traicionado. Luego lo perdona. Esta conducta se adapta a la línea de problemas matrimoniales. Trasforma la vida matrimonial en este tiempo. Ver Oseas 13,1-7; Jer 2,22; 3,24; 6,13; Ex. 16 .

d) Era de los judíos después del exilio. Avanza ahora mucho más la espiritualización del amor y de la vida matrimonial. Prepara terreno al N.T. Frecuente lectura de los Profetas: no hay poligamia. Ellos la condenan. No está prohibido el divorcio, pero hay legislación más severa.

En la literatura profético-sapiencial brilla la espiritualidad y se vislumbra la santidad del matrimonio. (Mal. 2,14-16; Prov. 5,15 y 5,21-27; 7,6-27; 31,10-31).

El Eclesiastés presenta la mujer ideal. Tobías presenta el matrimonio ideal: fecundidad, amor integral, oración en familia, etc. El Cantar de los Cantares ofrece una descripción poética de la fecundidad y del amor. Ve el matrimonio en el contexto de la historia de la salvación. El Cantar de los Cantares es el himno al amor matrimonial. Este libro ha tenido Interpretaciones varias:

1. El amor de Dios por Israel y el del pueblo por su Dios, son representados como las relaciones entre dos esposos. Es el mismo tema que los Profetas desarrollan desde Oseas.

2. Otros comentaristas católicos modernos, siguen en general, fieles a la interpretación alegórica, bajo formas diversas. Se atienen el tema de Yaveh, esposo de Israel, o bien tratan de encontrar en el conjunto del libro, la historia de las conversiones de Israel, de sus esperanzas y desilusiones.

3.   La más probable interpretación consiste en descubrir que es un canto al amor humano como fundamento integrador del amor espiritual. Dios - pueblo; Cristo - Iglesia; Cuerpo - miembro de Dios.

4. Hay quienes se aferran al sentido literal del texto. Estiman que el Cantar de los Cantares es una colección de cánticos que celebran le amor humano legítimo, amor que consagra el amor de los esposos. El tema no es solo profano, es también religioso, ya que Dios ha bendecido el matrimonio. El mismo amor humano es incidentalmente el tema de otros libros del A.T., por ejemplo los Proverbios y el Eclesiástico.

Como quiera que sea, se prepara el terreno para el Nuevo Testamento.

NOVENA CONFERENCIA

ARTÍCULO II - AMOR CRISTIANO COMO HECHO SAGRADO

Trataremos de estudiar aquí la ley de Cristo en cuanto aporta alguna novedad respecto al amor y al matrimonio.

1. La nueva ley perfecciona la ley del Antiguo Testamento (Mt.5, 17) y la perfecciona en cuanto da:

a) Equilibrio definitivo al matrimonio, pues en el A.T. el matrimonio se encontraba como en proceso, en cuanto a la nueva situación paradisíaca. Con Cristo llega a la estabilidad.

b) Cristo da a la virginidad cierta superioridad sobre el matrimonio. En el A.T. toda la preocupación se centra en la fecundidad. El Nuevo, habla más de hijos espirituales y se puede prescindir de los hijos y hasta es mejor si se hace por amor a Cristo. Mat.19, 12; Lc.14, 26.

c) La legislación nueva perfecciona a la vieja en cuanto la hace mas profunda por la infusión del Espíritu Santo. Por eso se llama la Ley del Espíritu, LEY DE AMOR.

2. En cuanto al matrimonio en particular:

a) Cristo coloca al matrimonio en relación inmediata con el matrimonio del Génesis. Rompe en absoluto con la tradición. En el Nuevo Reino de Dios se acude siempre a la tradición que precedió al pecado. El matrimonio debe ser lo que fue antes del pecado (Mt.19, 1-9).

b) Cristo explica la posición del N. T. con respecto a la tolerancia concedida en el A. T., a causa de "la dureza de corazón" del pueblo. Esta economía y esta pedagogía ya no existen en la Nueva Ley. Por la efusión del Espíritu Santo, todos son capaces de volver al estado paradisíaco. Cristo ni siquiera alude a la poligamia, que estaba prohibida desde el Génesis: "Los dos serán una sola carne".

c) El problema era el divorcio. Se daban dos tendencias, una rigorista y otra laxista. La divergencia entre las dos era motivo para justificarlo.

Al contestar Cristo la pregunta que le hacen, condena ambas tendencias. (Mt.19,16; Cf Duont). Cristo abroga la ley antigua y con su autoridad divina restablece la indisolubilidad del matrimonio de manera categórica y profundiza más en la unidad y por tanto en la exigencias del amor entre los esposos, condenando la infidelidad aun en el deseo. Mt.5, 28.

d) Parece haber tendencia rigorista en el Evangelio, pero por otra parte vemos una gran comprensión en la práctica. El caso de la mujer adúltera, Jn.8, 3-9. En Lc.7, 36- 50, muestra misericordia y comprensión y amor hacia la mujer pecadora que le unge y le besa los pies. Dice que quienes pecan contra el sexto y el séptimo mandamiento -sexo y robo- precederán a los fariseos en el Reino de los Cielos, porque éstos pecan contra la luz (Mt.21,31). A Pedro le dice que debe perdonar a su hermano no solo siete sino hasta setenta veces siete. La armonía entre la exigencia del Evangelio y la comprensión, en los casos concretos de debilidad humana, se ve a la luz de la revelación. Los

Evangelios promulgan la Ley de Cristo. En los escritos apostólicos vemos como se cumple esa ley.

3. La Comunidad Primitiva.

a) El divorcio estaba completamente prohibido: "En cuanto a los casados, precepto es del Señor, no mío, que la mujer no se separe del marido" (Cor.7, 10). Parece enfatizarse supremacía del varón y por tanto sumisión de la mujer a pesar de maltrato o infidelidad.

b) Queda una excepción y es el "privilegio paulino": aquello de que la parte cristiana puede divorciarse si su consorte pagana quiere separarse. Su explicación profunda no es fácil encontrarla en el matrimonio cristiano. Según la revelación, el matrimonio es la integración de un contrato en el "misterio de Cristo"; pero este no destruye a aquel. Si el divorcio va contra la estabilidad natural, ¿cómo se puede destruir la integración del contrato natural "en el misterio de Cristo"?

Según Pablo, la integración en el misterio de Cristo es tan profunda que se puede hablar de la destrucción del hombre viejo. No es destrucción total, pero sí de tal suerte, que destruye cuanto se opone al hecho de la integración en el misterio de Cristo. Luego solo cuando lo exija esta integración puede concederse "el privilegio paulino", que destruye la estabilidad natural del contrato.

c) En esta Iglesia Primitiva se insiste mucho en la proyección del matrimonio cristiano el prototipo del Paraíso. Es necesario tender a la reconstrucción del matrimonio como era en el principio, para lo cual se necesita la preparación e iniciación del matrimonio en familia. Conservamos esquemas de esta iniciación:

Ef.3, 14-21 (El Padre, de quien toma nombre toda familia en el cielo y en la tierra). 1 Tim.2 9-13: "Lo mismo las mujeres, que vistan decorosamente, preparadas con pudor y modestia, no con trenzas ni con oro o perlas y vestidos costosos sino con buenas obras como conviene a mujeres que hacen profesión de piedad. La mujer oiga la instrucción en silencio, con toda sumisión. No permito que la mujer enseñe ni que domine al hombre. Que se mantenga en silencio. Porque Adán fue formado primero y Eva en segundo lugar. Y el engañado no fue Adán, sino la mujer que, seducida, incurrió en la trasgresión. Con todo se salvará por su maternidad, etc.".

(Esta es la carta magna en que se exalta la superioridad del hombre y la inferioridad de la mujer y se han justificado muchas injusticias y hasta violencias extremas).

Con respecto al marido, se insinúa amor a su mujer, respeto, comprensión a su fragilidad. En cuanto a la mujer sumisión y decencia y virtudes femeninas, (Col, Ef. y 1Ped) para que no sea seducida como la primera Eva. Su espiritualidad se resume así:

- El amor es bueno y casto, porque la familia cristiana no es egoísta sino altruista (1Cor. 7,3; Ef.5, 25). "El marido dé a la mujer lo que es debido y lo mismo la mujer. Maridos, amad a vuestras mujeres como Cristo amó a la Iglesia y se entregó a sí mismo por ella".

- Para esta oblatividad se requiere la ascética que es radical y exige evitar todo adulterio y fornicación.

- El fundamento de estas exigencias es teológico, pues el Espíritu Santo habita en el cristiano como en un templo; somos miembros del Cuerpo de Cristo; luego todo pecado de fornicación o adulterio es un sacrilegio.

d) La virginidad es innovación evangélica. En la forma actual es revolucionaria. No aparece en el Evangelio como un hecho biológico sino como perspectiva religiosa, por el Reino de Dios. "A los que renuncian a la fecundidad por el Reino de los cielos se les glorifica" (Mt.19, 12).

Esta virginidad por el Reino de los Cielos no se les propone a todos ni a todos se les ofrece sino a cuantos comprenden este privilegio por el hecho de "ser llamados". Eso es lo que se llama "Vocación a la Virginidad".

De hecho, Cristo entregado de lleno al Reino de Dios, fue virgen. Su ejemplo, es su vida totalmente consagrada. Quien quiere darse de lleno a Dios, debe hacerlo en medio de la virginidad. Este fue el motivo último por el que se justificó el celibato de los sacerdotes y la virginidad de las mujeres entregadas al servicio de los pobres.

Cristo explica el valor de esta donación, es decir, renunciar a la mujer por el Reino de Dios, es obtener la promesa del ciento por uno. (Mc.18,29-30; Lc.18,29-30; Mt.19,27-30). En los primeros cristianos encontramos dos grupos: Uno consistente en Pablo y los suyos, sin mujeres. El otro es una agrupación de Pedro y los suyos, con mujeres. No se insinúa el abandono de la mujer.

En el grupo de Pablo existe el consejo suyo de abstenerse del matrimonio por el Reino y sus promesas; lo que no quiere decir que el matrimonio sea malo, sino que la virginidad es mejor. La vida sexual pertenece al orden terrestre y la sexualidad al orden escatológico (es decir, al cielo, en el que no tendrán lugar las relaciones sexuales) Mt.22, 30.

En toda la perspectiva sinóptica vemos que el Reino ya tiene inicio en el orden terreno en el que lo normal es el matrimonio; por eso la virginidad reviste carácter misterioso de ser la iniciación en la tierra del Reino Escatológico.

Podríamos distinguir desde ahora que la vocación a la virginidad y al celibato no es exactamente lo mismo que la vocación al apostolado o al sacerdocio. San Pedro precisamente fue llamado nada menos que a presidir la primera asamblea sacerdotal y era casado.

DÉCIMA CONFERENCIA

ARTÍCULO III - SÍNTESIS DOCTRINAL DEL ANTIGUO TESTAMENTO

Ya vimos lo que el pueblo de Israel sintió sobre la sexualidad en las variadas vicisitudes de la historia. Vamos a ver lo que Dios nos reveló sobre ella.

I - Jesús (Mt.19, 4-6) y San Pablo (Ef.5, 31 y 1Cor.7,10-12), al Génesis I-III..

a)   Del doble relato del Génesis (1,27): "Y creó Dios al hombre a su imagen, a su imagen Dios los creó, macho y hembra los creó", se deduce que

1. La distinción de los sexos es hecha por el mismo Dios. Parece que hubiera fanáticos anti-sexistas que quisieran hacer del sexo una creación del demonio.

2. El sexo pertenece al ser humano, imagen de Dios, por lo tanto no es algo brutal o solo propio de la bestia, sino profundamente humano y divino a la vez.

3. En este relato se habla de la unión sexual entre el hombre y la mujer, que se realiza no solo para la propagación del género humano sino para conservar el gozo del amor mutuo y la unidad de la pareja. En cierta manera el hagiógrafo tiene interés en relacionar el origen de los animales con el origen de la mujer. En el jardín del Edén... Así se concreta una vez más el estado espiritual privilegiado de la pareja humana.

b)   En el segundo relato, no se insiste en el fin procreativo sino en el complemento:

1. Sociedad personal, la mujer es "una ayuda adecuada" del hombre.

2. Sociedad profundísima: "Por eso deja el hombre a su padre y a su madre y se une a su mujer". El Creador forma al hombre y de este a su mujer.

c)   Dijimos que en cierta manera el Autor tiene interés en relacionar el origen de los animales con el origen de la mujer. El relato de la creación de la mujer está estructurado como la antítesis de la creación de los animales.

También Dios la presenta al primer hombre y también este reacciona imponiéndole un nombre que manifiesta su naturaleza. Su reacción no deja lugar a dudas. El hombre se da cuenta de que es varón y que la mujer es varona, y pronuncia un SI, que parece compendiar la respuesta dada por el hombre de todos los tiempos ante la maravilla de lo femenino.

Así concreta una vez más el estado privilegiado de la primera pareja humana: el primer hombre y su mujer estaban desnudos sin sentir vergüenza por ello. Ella, la mujer es considerada compañera del hombre, en completa igualdad, incluso en el estado de naturaleza caída.

El que aparezca a veces como esclava del hombre es sin duda consecuencia del pecado (Gen.3, 16): "Con trabajo parirás los hijos. Hacia tu marido irá tu apetencia y él te dominará". Aquí comienza la dominación del macho. El pasaje Gen.1, 28 y 9,1, quieren caracterizar el eterno femenino, el fenómeno "mujer", como lo conoce la experiencia humana de todos los tiempos. Madre fecunda de muchos hijos. "Sed fecundos y multiplicaos y llenad la tierra".

Trata de explicar un hecho de la experiencia humana: "El hombre abandona a su padre y a su madre para unirse a su mujer" (2,24). El amor conyugal es ciertamente el más fuerte de la tierra, más fuerte que el amor filial.

El Autor se ocupa aquí del gran misterio de las relaciones Hombre - Mujer. Describe estas relaciones no como un privilegio del estado paradisíaco, ni tampoco como consecuencia del pecado, sino como una ley natural puramente, que tiene su fundamento en la bondad y sabiduría del Creador.

Cuando Yaveh dice: "No es bueno que el hombre esté solo", quiere decir, no corresponde a la situación del ser humano estar solo, "Yo le haré una ayuda que se le acomode". A la letra: una ayuda enfrente de él, como su igual, su complemento, su otra mitad. Luego no precisamente alguien que se le asemeje, sino más bien alguien que se le adapte, proporcionado a él, alguien que pueda ser su pareja.

Gen.2, 23: Todos los animales tienen su pareja; el hombre se encuentra en medio de ellos como solitario. El hombre no encuentra su complemento en los animales, en cambio la mujer, que es un ser inteligente, se le acomoda total y plenamente.

El Autor apunta al fenómeno social en su conjunto, habla también con bastante claridad del acto sexual: El hombre se unirá a su mujer y serán una sola carne.

II - El hecho Hombre- Mujer: ser humano. Unidad y Diversidad.

a) Unidad: Toda la humanidad, según la Biblia, procede de una sola pareja. No de muchos, ni siquiera de dos sino de UNO SOLO. Dios hizo todo el linaje humano para que habitara la tierra fijándole sus tiempos (el de su origen, florecimiento y decadencia) y las fronteras de su morada (Act. 17,26).

En primer lugar no es un hombre y una mujer sino un ser humano, material y espiritual. Posteriormente resulta ser un hombre, (varón), pero de tal suerte que él, como punto absoluto de partida, encierra en sí la plenitud de todo lo que es humano. La mujer no nace fuera de él sino en él. Así se explica la unidad de la humanidad y la compenetración de ambos sexos.

Que el hombre y la mujer se sientan mutuamente atraídos es una ley general, tan profundamente arraigada en su ser que no solo vislumbra la acción creadora de Dios, sino demuestra cómo actuó el Creador. Hombre y mujer eran originariamente uno, por eso buscan de nuevo convertirse en UNO por medio de la unión corporal y espiritual.

Del hecho de que la mujer sea tomada del hombre, ambos son solidarios en su destino. El sexo llamado "fuerte" no puede considerar al sexo débil como inferior: "Nadie jamás ha tenido odio a su propia carne", dice San Pablo. Ef.5, 29

b) Las diferencias solo significan que cada uno tiene su misión, pero es una misión conjunta y plenamente humana: el hombre y la mujer no son el uno repetición del otro. "La mujer modera la fuerza del hombre como el hombre es la fortaleza de la mujer," San Agustín.

El amor conyugal es uno de los misterios de la vida (Prov.30, 18; Can. 8,6). No hay sobre la tierra unión más íntima que la existente entre hombre y mujer. La unión sexual es la raiz de todo parentesco. Correspondencia entre hombre (ish) y mujer (isshah): La relación entre ambos nombres revela una formación ontológica.

En síntesis, el Creador establece:

- Un matrimonio monógamo.

- Absoluta unidad del género humano.

- Relación íntima entre hombre y mujer.

Es la exposición gráfica y ordenada de una doctrina: no pretende enseñar de qué modo creó Dios a la mujer, sino con qué naturaleza la creó. Dios ha puesto en la naturaleza una ley a la que debe someterse todo ser humano. Y es por tanto la ausencia absoluta de complejos sexuales en toda la narración bíblica.

UNDÉCIMA CONFERENCIA

ARTÍCULO IV - JESÚS, LA SEXUALIDAD Y LA FAMILIA

I- Jesús y la mujer.

a) Uno de los fundamentos de la vida familiar y del matrimonio, es el respeto a la dignidad de la mujer. ¿Cuál es la actitud de Jesús hacia las mujeres?

Cristo no ha pensado cambiar el estatuto legal que en el A.T. y en el Judaísmo estaba fuertemente delineado: igualdad de derechos de la mujer con el hombre.

Pero Cristo en su comportamiento práctico da testimonio de una estima, de un tomar en serio las aspiraciones religiosas de la mujer y una tal delicadeza para con la mujer que no se puede encontrar en el Judaísmo tardío. A esto se añade un amor salvador por la adúltera, las pecadoras y prostitutas (Lc.7, 36-50; Jn.7, 53; Mt.21,31-33), amor absolutamente incomprensible para la mentalidad farisaica.

b) Todavía bajo otros puntos de vista en sus relaciones con las mujeres, allí donde aparecía requerido por su actividad mesiánica, Jesús se eleva por encima de las barreras de las concepciones y costumbres judaicas:

1. Dirige la palabra a la mujer samaritana en el pozo de Jacob, aunque esto se considere inconveniente para un hombre y sobre todo para un Rabbí (Jn.4, 27).

En su conversación con la samaritana, se tiene por objeto a él mismo.

(Jn.4), al menos en la intención del Evangelista. Quiere mostrar fundamentalmente en JESUS, al revelador, y no tanto al moralista o al Maestro en la dirección de la gente. Juan no se refiere explícitamente a la conversión moral de la mujer, sino que habla de su fe, y Jesús acepta voluntariamente que esta mujer le ayude a hacer madurar la semilla en los campos de Samaria.

2. Se deja tocar por la mujer hemorroisa, a pesar de que esto lo haga impuro a tenor de las reglas judías (Mc.5, 27-34).

3. Por amor a una pobre mujer encorvada que "Satanás tenía sometida hacia 18 años", Jesús quebranta el Sábado a fin de librar a esta "hija de Abraham" de su mal. Este título de honor es raras veces invocado.

4. El número de curaciones que Jesús realiza en las mujeres es sorprendente: la suegra de Simón Pedro (Mc.1,29-31); la hija de Jairo (Mc. 5,22-43); la hija de la sirofenicia (Mc.7,24-30); María Magadalena (Lc.8,2 ss); el dolor de la viuda de Naím toca la compasión de Jesús (Lc.7,13); destaca elogiosamente el gran espíritu de sacrificio de la viuda que echa una pequeña limosna en el tesoro del templo (Mc.12,41-44); toma la defensa de María de Betania que le unge la cabeza y los pies (Mc. 14,3-8 y Jn. 12,1-8).

5. Admite mujeres en su compañía y acepta su ayuda (Luc.8,2-3); visita a sus amigos en Betania y aconseja a las dos hermanas que escuchen su palabra (Lc.10,38); en el camino del Calvario, consuela a las mujeres que lloran por El (Lc.23,27-31). La

conversación con Marta (Jn.11, 20-27) es una ocasión para demostrar la grandeza de Jesús. La aparición de Jesús Resucitado a María Magdalena, la convierte en su mensajera y apóstol de los apóstoles.

c) De todo esto se puede concluir:

1. Que Jesús en su predicación no hace ninguna diferencia entre el hombre y la mujer. Tanto mujeres como hombres deben escuchar la palabra de Dios, recibir la salvación mesiánica y tomar parte en el Reino. Después de la resurrección de los muertos las diferencias de sexo no tendrán ninguna importancia (Mc.12, 25).

2. Esta igualdad religiosa que Jesús reconoce a las mujeres y que realiza con ellas en su comportamiento y esta igual estima delante de Dios, debía a la larga tener influencia más profunda y contribuir a promover la dignidad de la mujer.

Ante todo Jesús defiende a la mujer contra la idea de no ver en ella más que su sexo, como un instrumento de placer; en ella Jesús honra la dignidad humana, la persona y la hija de Dios. Infortunadamente, en la práctica de la Iglesia, influenciada por otras filosofías y culturas, la mujer ha permanecido en un segundo lugar. No se le reconoce su igualdad de derechos con el hombre. (1Tim.2, 9-15) Se circunscribe a la mujer para dar la vida y criar los hijos. No puede hablar públicamente en la asamblea ni aspirar al Sacerdocio.

3. La decisión de Jesús sobre la indisolubilidad del matrimonio es un gran aporte para la dignidad de la mujer, el matrimonio y la vida familiar (Mc.10, 2-12 y 19,3-9).

"Un hombre puede repudiar a su mujer por cualquier motivo". Es célebre la controversia entre la escuela laxa de Hillel y la más severa de Shammai. (Deut.24, 1 y ss).

La primera admite como motivo de divorcio cualquier tara, aun física. La otra, solo taras morales como la infidelidad. No se puede reprochar a Jesús que siga ninguna de estas posiciones.

La tentación era evidentemente poner a Jesús en contradicción con la ley de Moisés. De hecho Jesús abolió en persona, la permisión de divorcio hecha por Moisés al continuar la conversación con los fariseos. Al encuentro de la permisión mosaica (Deut. 24,1), Jesús cita dos pasajes más antiguos de la Escritura (Gen1, 27 y 2,24). Dios creó al hombre y a la mujer y los hizo a su imagen. Y luego dice: "el hombre dejará a su padre y a su madre y se unirá a su mujer y los dos serán una sola carne".

Así concluye, que la voluntad original de Dios, desde la creación, fue la unión de un solo hombre y una sola mujer y la indisolubilidad del matrimonio. Mt.19, 4: "Lo que Dios unió no lo separe el hombre".

La cita del Génesis da a la mujer la plena igualdad para fundar una nueva comunidad: en adelante serán los dos una sola carne. Las palabras de Jesús son tan poco equívocas que para eludir su exigencia es necesario declarar que su mensaje moral en conjunto no obliga a la letra, o bien debilitarlo de una u otra manera. Muchos creen encontrar un punto de apoyo para una excepción, que ha tenido muchos comentarios sobre el texto de Mt.5,32: "Todo el que despidiere a su mujer, excepto el caso de fornicación, la hace cometer adulterio" y 19,9: "Quien repudie a su mujer -salvo el caso de fornicación- y se case con otra, adultera". En el pasaje paralelo en Mc.10, 11 se dice exactamente lo mismo: "Quien repudie a su mujer y se case con otra, comete adulterio contra aquella; y si ella repudia a su marido y se casa con otro, comete adulterio". Sin la cláusula de la infidelidad. Asimismo en Luc16, 18.

d) Intentos de interpretación: Las adiciones que no se encuentran sino en Mateo, no bastarían para abolir o disminuir el principio propuesto por Jesús de la prohibición del divorcio. No se ve posible en la lógica de los pasajes. Marcos y Lucas no conocían esta excepción.

Parece imposible que ellos hubieran dejado de lado declaración tan importante. Y 1Cor. 7,10-12, confirma la palabra del Señor: "En cuanto a los casados, les ordeno, no yo sino el Señor, que la mujer no se separe del marido, mas en el caso de separarse, que no vuelva a casarse, o que se reconcilie con su marido, y que el marido no despida a su mujer". (Vea "Le divorce dans le Nouveau Testament").

Nota. No podemos profundizar demasiado sobre la exégesis de este pasaje controvertido. Pero la Iglesia Católica Romana ha sido inflexible en este particular. Como ejemplo, la Iglesia prefirió la separación de Inglaterra por no aceptar el divorcio de Enrique VIII con María Tudor. La Iglesia acepta la anulación del matrimonio por causas muy explícitas, contempladas en el Código de Derecho Canónico. La no consumación del matrimonio por impotencia y razones psicológicas. Falta de consentimiento etc., Hay razones muy poderosas por las cuales sería muy conveniente el divorcio, por el bien de los hijos, la violencia doméstica, la paz de los cónyuges que a veces llevan una vida insoportable, dada la inmadurez con que muchos contraen matrimonio. Lo único que acepta la Iglesia en estos casos, es la separación de cuerpos, y la de bienes sancionada, por la potestad civil.

La reflexión cristiana tiene que detenerse y fijar la atención en el tema de la indisolubilidad matrimonial, con las cuestiones adyacentes que plantea el divorcio en el orden social y psicológico.

La cuestión del divorcio es un problema profundamente humano en medio de una sociedad enferma. Si Moisés permitió el divorcio a los judíos a causa de su dureza de cabeza, ¿qué diremos de los seres humanos de este siglo? ¿Serán menos duros de cabeza?

La ley de Israel castiga con una pena severa el adulterio cometido por un hombre y una mujer casada o prometida a otro. Si la prueba puede establecerse jurídicamente, ambos culpables deben en principio, ser ejecutados. Dt.22, 22-24. La mujer pertenece siempre al hombre: ningún tercero tiene derecho sobre ella. Dt. 20,5-7.

Al comienzo el divorcio era un derecho reconocido al hombre sin ninguna limitación. La mujer por su parte, no podía repudiar a su marido. Jue.19, 2-10. El Yavhismo limitó este derecho y fijó reglas. El repudio de la mujer no estaba permitido, al menos que el marido descubriera en ella "una tara qué imputarle" Dt.24, 1. En este caso bastará que el hombre le diera una "carta de repudio". Este acto rompía el vínculo del matrimonio y ambas partes eran libres para contraer una nueva unión.

Hoy día se practica el divorcio por cualquier motivo, por no entenderse, por no llevarse bien, lo que se llama "incompatibilidad de caracteres". Pero a veces hay violencia doméstica. El divorcio trae consecuencias mixtas: no siempre son malas. Es conveniente no solo para el cónyuge afectado por la violencia sino sobre todo para los hijos. Debe haber comunicación de los padres para con los hijos; los hijos entenderán por qué se separan o se divorcian sus padres. Sin duda la madre sufre soledad y problemas económicos, sobre todo si el marido no cumple con el deber de proveer para el sustento de los hijos. Y los hijos con la pérdida del padre se ven afectados, porque les hace falta la parte masculina integrante importante de su educación. Con mayor razón si la que falta es la madre.

¿Puede la Iglesia Católica reformar sus leyes actuales sobre la disolución de matrimonio? Como nos lo dice la tradición oriental, el matrimonio es indisoluble, pero se ve también disuelto por el egoísmo de los seres humanos, por la ignorancia o por falta de fe y amor. Así pues, la Iglesia no rompe el matrimonio, pero reconoce que está roto.

El matrimonio se mueve en la tensión de pertenecer al Reino Escatológico y de estar enraizado en nuestra condición humana débil y pecadora. No hay unión humana duradera si no está basada en un amor tridimensional, como lo hemos venido explicando.

El Concilio Vaticano II recoge como evidente la enseñanza de Inocencio III y Trento sobre la doctrina de la indisolubilidad y la fundamenta en el orden de la Creación. El matrimonio se ha fundado "Para la continuación del género humano, para el progreso personal y suerte eterna de cada uno de los miembros de la misma familia y de toda la humanidad" (Luz de los Gentiles, #48 y Gozo y Esperanza).

DUODÉCIMA CONFERENCIA

II - JESÚS Y LA FAMILIA

a) Jesús ha insistido sobre la responsabilidad moral de los esposos y sobre todo, en el contexto de la época, sobre la del marido. Ha hecho de nuevo del matrimonio lo que debe ser, según la voluntad del Dios Creador: la fuente y el hogar de una vida familiar santa y dichosa, donde los esposos y sus hijos sirvan a Dios en dignidad y en amor recíproco.

b) La estima de Jesús por la vida de familia está confirmada primero que todo por su propia vida en familia desde su nacimiento hasta el comienzo de su vida pública, ejemplo de obediencia, sabiduría y sumisión (Mt.2.20; Lc.2, 39-40 y 51-52). En segundo lugar por la escena de la bendición de los niños que sigue a la controversia del divorcio (Mc.10, 13-16). ¿Poca atención del pueblo judío por los niños? Para la Iglesia primitiva, la escena en que Jesús bendice y acaricia a los niños y pronuncia bellas palabras sobre su participación en el Reino de los Dios, son algo más que un simple episodio: la Iglesia da a los niños un lugar indiscutible en la vida de la comunidad. Sobre todo el espíritu de la infancia.

c) Hay algo que parece desvalorar un poco a la familia y es cierta frialdad que Jesús manifiesta hacia su madre y hermanos (Mc.3, 31-33; Lc.11, 11- 29).

Parece que lo que quiere decir Jesús con estas palabras es, que cuando El, como El Mesías, aparece rodeado de su comunidad, ésta viene a ser su familia, y es a ella, a la que van enderezados todos sus esfuerzos y toda su acción. Le dedicó 30 años a su familia, ahora quiere dedicarle 3 a su familia espiritual. Pues a sus discípulos, en sentido estricto, a los predicadores del Evangelio, Jesús les exige desprendimiento del lazo natural de la comunidad de la sangre. Solamente así se explican sus palabras tajantes que parecen herir sentimientos profundos. (Lc.9, 60 y 14,26) Para los discípulos que siguen a Jesús, la comunidad espiritual de los fieles, la Iglesia, a la que sirven, toma el lugar de la comunidad natural de la sangre. (Mc.10, 29-30) "Jesús respondió: Yo os aseguro, nadie que haya dejado casa, hermanos, madre, padre, hijos o hacienda por mí y por el Evangelio, quedará sin recibir el ciento por uno".

d) Jesús alcanza a dejar ver en algunas frases la división de las familias por su causa:

Mt10, 34-36; Lc.12, 51-53; Mc.10, 29-30. Son revelaciones para los últimos tiempos de terror; recuerdan las antiguas profecías apocalípticas (Mc.10, 29-30).

Esta desintegración del orden querido por Dios es la señal del mundo desorganizado en los tiempos que preceden al fin del mundo. Son hechos excepcionales, pruebas que los fieles tendrán que soportar aparte de la tribulación final. Como están las cosas parece que este fuera el final.

ARTÍCULO V - EL PENSAMIENTO DE SAN PABLO

San Pablo enseña que toda paternidad sea carnal o espiritual, tiene su origen en el Padre Celestial (Ef. 3,14-15): "Por eso doblo mis rodillas ante el Padre, de quien toma nombre toda familia en el cielo y en la tierra".

La unión matrimonial de hombre y mujer (a la que pertenece también la unión sexual), es vista por San Pablo en relación con la unión sagrada entre Cristo y la Iglesia. (Ef.5, 21- 33). La Epístola a los Efesios contiene larga exposición sobre los deberes domésticos.

a) Deberes del esposo: sitúa los deberes del esposo a nivel de las relaciones de Cristo unido a la Iglesia. "El marido ame a la mujer como Cristo ama a su Iglesia".

b) A la mujer, el Apóstol pide someterse en todo a su marido como al Señor, la actitud de la Iglesia hacia Cristo (5,21-24): "Sed sumisos los unos a los otros en el temor de Cristo. Las mujeres a sus maridos, como al Señor, porque el marido es cabeza de la mujer, como Cristo es Cabeza de la Iglesia, el Salvador del cuerpo. Así como la Iglesia está sumisa a Cristo, así también las mujeres deben estarlo a sus maridos en todo".

La razón: el marido, como Cristo, es el jefe de la Iglesia. No es suficiente citar a 1Cor.11, 1-6), pensar que Pablo se contenta con una simple analogía entre la posición privilegiada del marido respecto a su mujer y la de Cristo respecto a la Iglesia. Entre cristianos, la jerarquía de la pareja está fundada directamente sobre la jerarquía Cristo-Iglesia.

El marido es el jefe de su mujer como Cristo es jefe de la Iglesia.

c) Deberes mutuos: Pablo manda al marido amar a su mujer, alimentarla, cuidarla (5,25-33). Todos los motivos se refieren a Cristo-Iglesia. "Maridos amad a vuestras mujeres como Cristo amó a su Iglesia y se entregó por ella". Pero la mujer no es su esclava.

Examinemos:

1. Debe prestarse mucha atención a este v.25 en el que se precisa que el amor del marido para su mujer, debe modelarse sobre el amor de Cristo a la Iglesia entregándose por ella. Parecido a aquel pasaje en que Cristo dice, que nadie tiene tanto amor por su amigo como aquel que da la vida por él. El ideal del esposo cristiano consiste en ser, a nivel de su vida conyugal, el testigo viviente del amor redentor.

2. En los vv.25 y 27, Pablo se vuelve al marido para decirle que debe amar a su mujer como a su propio cuerpo. Conviene recordar lo que la Iglesia es para Cristo: una esposa santa e inmaculada. Cristo la ha vuelto a sí por medio del bautismo, para poder presentársela a sí mismo toda resplandeciente y hermosa. La Iglesia es su obra, una obra digna de El, donde El puede reconocerse a sí mismo.

3. Al prescribir al marido amar a su mujer como a su propio cuerpo, al ejemplo de Cristo (v.28), Pablo no pretende asemejar el amor que se tiene naturalmente al cuerpo. Pablo habla del amor natural de sí mismo para explicar los cuidados con que rodea Cristo a su Iglesia.

4. V.29: Un solo amor es digno de servir de norma al amor del esposo cristiano, a saber, el que Cristo tiene a su Iglesia. Si la Iglesia es su Cuerpo, su propia carne y es amada de su Esposo Divino en cuanto tal, la esposa cristiana, imagen viva de la Iglesia, es el cuerpo de su marido, su propia carne y por ese título

debe ser amada de su marido.

Si Cristo y la Iglesia no forman sino una sola carne, el amor que Cristo tiene a su Iglesia recae sobre esa única carne. Cristo no puede no amarse cuando ama a su Iglesia. Pasa lo propio en el matrimonio cristiano. Marido y mujer no forman sino una sola carne al ejemplo de Cristo y su Iglesia: el amor que el marido tiene a su esposa recae sobre él mismo.

Luego Pablo está en lo cierto cuando dice que amar a su mujer, es amarse a sí mismo.

5. El v. 33 resume su exhortación: "Cada uno ame a su mujer como a sí mismo". Entre los vv.25, 28 y 33, se sienta como la noción del amor de los esposos para sus mujeres y se intensifica a medida que se precisa la unión de Cristo con la Iglesia. El amor que Pablo exige a la pareja debe informar a todas las relaciones matrimoniales y en particular a las sexuales. En general el N.T. propone una base sólida y esencialmente religiosa a las relaciones sexuales matrimoniales.

6. En Tim. 5,11-14, Pablo supone el matrimonio y su uso como algo honestísimo y alerta a las viudas jóvenes para que se casen.

No olvida San Pablo la debilidad humana, por eso aconseja el matrimonio si hay peligro de fornicación (1Cor.7, 1-9), a no ser que haya el don más grande, la abstinencia sexual por el celibato o el don de la virginidad.

Pablo tiene la castidad como un fruto del Espíritu (Gal.5, 22). El cuerpo es como un objeto del culto (1Cor.7, 1-9) y vaso de santificación (1Tim.4, 4). Lo urge también San Pedro (3,2).

7. La lesión de la castidad es vista por el Apóstol como algo contrario a la vida cristiana, es obra del hombre carnal que no sigue al Espíritu (Gal.5, 19-21). A los Corintios (1Cor.12, 12,20) explica cómo debe ser juzgado el pecado sexual por el cristiano. Debemos notar:

1. El Apóstol no prueba sino que supone que la unión carnal con una meretriz es un pecado.

2. Dice que la fornicación es un pecado "en el cuerpo", es un pecado que compromete al cuerpo como tal, mientras en otros pecados, por ejemplo, el hurto, algún miembro del cuerpo se pone solo como instrumento.

3. Por la fornicación se toma todo nuestro cuerpo que es del Señor, para que se haga de una meretriz. Se viola nuestro cuerpo que es el templo del Espíritu Santo. Nuestro cuerpo se aparta de Cristo con quien debería estar resucitado. De este modo San Pablo muestra por qué razón la fornicación es de manera especial contraria al cuerpo del hombre cristiano.

8. En Rom.1, 18-32, explica cual es la última raíz del pecado sexual. La raíz más profunda de los pecados carnales es que los hombres libre y culpablemente abandonan el conocimiento de Dios por consiguiente no lo glorifican y por esto son abandonados a los deseos de su corazón, deseos de inmundicia, adoración de la criatura en vez del Creador. Raíz entonces del pecado sexual es la injusta retención de la verdad de Dios.

El mayor don del honesto matrimonio es la abstinencia por el Señor, para que se dedique la pareja a la oración (1Cor.7, 5) y que vivan como si no estuviesen casados.

A los no casados les dice que es un don mayor no casarse (25,40) por motivo del pleno e indivisible servicio del Señor... Sin embargo cada uno tiene su propio destino y "Don de Dios".

"Así pues, el que casa a su hija hace bien. Y el que no la casa obra mejor. La mujer está ligada al marido mientras viva; mas una vez muerto el marido, queda libre para casarse con quien quiera, pero en el Señor. Sin embargo, será mas feliz si permanece así según mi consejo; que también yo creo tener el Espíritu de Dios". Por lo que parece que San Pablo era soltero. Por eso insiste que lo mejor es estar libre del lazo conyugal para poder entregarse con mas totalidad al servicio del ministerio de la palabra y al servicio de los creyentes.

DECIMOTERCERA CONFERENCIA

ARTÍCULO V - EL HOMBRE EN LA HISTORIA DE LA SALVACIÓN

1. Naturaleza de la índole sexual del hombre.

a) La sexualidad según la Biblia pertenece a la obra de la creación de Dios. Doble finalidad: unión íntima y profunda del hombre y de la mujer y procreación. Vestigio de la vida trinitaria: hombre- mujer- hijo (cada uno a imagen de Dios).

b) La sexualidad y la vida genital comprende dos cosas: la producción y maduración de células generativas en ambos sexos y la posibilidad de la conmoción sexual que culmina en la cópula íntima (unión de células) y en el orgasmo. Lo primero es la facultad sexual, lo segundo es su actuación.

Esta facultad no se halla solo en el hombre sino en todos los animales. Pero por la espiritualidad y personalidad de hombre, difieren profundamente. La sexualidad en el hombre, imagen de Dios, se somete a la razón. Su actividad en la comparte es medio de relación interpersonal. En el animal, lo sabemos, solo se da una relación instintiva.

2. En la Historia de la Salvación. Urge la exposición del problema sexual en la historia de los varios estados de salvación del hombre.

a) Estado de justicia original: Elevación al orden sobrenatural por la armonía y equilibrio de sus fuerzas naturales; nuestros primeros padres gozaban de la armonía amorosa en sus tres aspectos, espiritual, psíquico y corporal.

b) En cuanto acto unitivo de las personas, el acto conyugal, como las demás acciones humanas, había sido la representación humana de la caridad original de Dios hacia los hombres (Gen.1, 28 y 2, 25). "Y los bendijo Dios y les dijo: sed fecundos y multiplicaos".

c) En cuanto acto procreativo: procreación no solo de hombres sino de "hijos de Dios".

d) La concupiscencia, como apetito, no obstante la fuerza de atracción del acto deleitable, muy fácilmente estaba sujeta al acto de la voluntad, vigorizada por la gracia (2,25). De donde bajo este solo aspecto, algunos dicen, que para el estado del paraíso terrestre la virginidad no debería preferirse al matrimonio (Thomas I, q. 8a.2).

3. Estado de naturaleza caída.

a) Con la desobediencia del Paraíso, no solo perdió el hombre el trato familiar con Dios, sino también la ingenuidad frente al sexo. Como un acto unitivo de las personas, el acto sexual sigue siendo apto y nacido para expresar el verdadero amor a sí mismo y hacia la otra persona. Al perderse la armonía preternatural, el hombre se inclinó al egoísmo.

b) Procreación de hijos de Dios: el hombre es generado en nuestro orden de salvación pero incapaz por sí mismo de ordenarse suficientemente a Dios.

c) Se pierde el don de la inmunidad de la concupiscencia, por tanto viene la rebelión contra la razón. Insubordinación del instinto carnal sobre el espíritu (Ge.3, 8).

4. Estado de naturaleza reparada por Cristo: el hombre es llamado a la filiación divina y regalado con la gracia.

a) En cuanto a acto unitivo de las personas, el acto sexual de los cónyuges cristianos simboliza la unión entre Cristo Redentor y su esposa la Iglesia. (Ef.5, 21-33). El acto sexual hecho de la manera debida y movido por el amor, no solo es sobrenatural sino meritorio. Como el cuerpo está consagrado al culto, por eso la castidad es posible (1Tes.4, 3).

b) Es generado un hijo de Dios, por la Iglesia, en Cristo.

c) La concupiscencia sexual permanece rebelde en el redimido. La redención de Cristo incluye maravillosamente el cuerpo del hombre, en los esplendores de la gloria de Dios (1Cor.13 y ss). Cristo ha redimido el sexo.

NOTA.- Todo esto fue exagerado mas tarde por el Maniqueísmo. Muchos Padres de la Iglesia abrazaron las ideas pesimistas sobre el sexo, (Gregorio Niceno, Juan Crisóstomo, Juan Damasceno). Algunos de ellos con San Agustín y Santo Tomás hubieran querido otra manera de realizar la propagación de la especie para sustituir el acto sexual. Según ellos el apetito sexual nació del pecado. El acto sexual en sí es pecado, aun en el matrimonio, si no esta dirigido al fin generativo. De ahí la carrera desbocada hacia la procreación de "hijos para el cielo" como decían los curas. Queda pesimismo práctico en el mundo cristiano y no cristiano de nuestros días.

DECIMOCUARTA CONFERENCIA

ASPECTO PSICOLÓGICO DEL AMOR

ESTADIOS DEL AMOR EVOLUTIVO

El amor es una realidad psicológica. Y un hecho evolutivo. Por otra parte es un hecho heterogéneo y complejo, compuesto de varios fenómenos, que se manifiestan de diversas maneras en el hombre y en la mujer. Y es una relación personal.

El amor no es algo abstracto, sino algo que tropieza con el ser humano concreto, es algo que dura en el tiempo y se manifiesta en la historia de cada día.

Es pues una realidad histórica en la vida de cada individuo. Si queremos conocer al adulto que ama, tenemos que conocer su infancia. Es importante esta consideración histórica del amor por un doble motivo: para comprender mejor la realidad afectiva del amor y para adoptar actitud adecuada en la discreción. Los estadios son:

Infancia
Adolescencia
Juventud
Madurez
Senectud

ARTÍCULO - I LA INFANCIA

I - INTRODUCCIÓN

a) Al mero principio, el ser humano parece a simple vista un objeto amorfo. Poco a poco viene la telefinalización. Cuando nace, lo primero que hace es llorar.

Es su primer lenguaje: medio de acomodación.

b) Las actitudes iniciales del infante (el que no habla) son:

- Temor en los peligros cuando se siente solo.

- Agresión: pataleo, manifestación de hambre, de frío, de sed, el   bebé llora. A veces se hace daño con sus manos, se araña.

- Amor: se expresa con sonrisa, satisfacción al comer, al beber, etc.

c) El niño es egocéntrico, todo lo quiere llevar a la boca (lo quiere para sí) para conocerlo. Hacia los 15 meses se da cuenta de que hay objetos distintos de él. No se puede dejar solo porque se choca contra los objetos y se puede hacer daño. Dejarlo solo por mucho tiempo, puede crearle frustraciones. Surge agresividad con masoquismo: se tiran al piso, se halan el pelo, se arañan; en el varón es más frecuente el sadismo, al romper objetos, pegarle a la mamá, etc.

d) De los 3 a los 5 años se hace más relevante el aspecto sexual. Lo sexual aparece mucho más despierto. Se dan erecciones en el niño y hasta se masturba. Pregunta mucho. Siempre hay que responder con respuestas adecuadas. No debe seguirse la pedagogía del silencio. No se va a responder en forma obscena, pero si con la mayor naturalidad y sencillez. La más frecuente pregunta es cuando ven a una señora esperando bebé, quieren saber cómo se produjo, cómo puede vivir allí y después cómo nace. En esta etapa el niño no entiende muy bien ni le interesa la mecánica sexual.

II - LA PRIMERA INFANCIA (hasta los 5 años).

a)   La primera infancia es muy importante. Es un hecho constatado por Freud y por otros estudiosos (Lakan, etc), que el adulto será lo que fue el niño en sus primeros 4 ó 5 años. Queda marcado por el resto de su vida.

En los varones se comienza a desarrollar el complejo de Edipo y en las hembras, el complejo de Electra.

b)   Complejo de Edipo: relaciones materno-filiales. No es una atracción sexual cruda sino inconsciente. Su madre es la primera mujer que se presenta ante él. El hijo se identifica con el padre, acepta su propio sexo: Al principio en forma inconsciente y poco a poco en forma activa y consciente, especialmente si el padre es un buen padre y demuestra amor maduro hacia su hijo. Si la relación con el padre es negativa (padre autoritario), no hay una identificación activa sino pasiva. Habría una propensión a la homosexualidad por el rechazo a ser hombre como su padre? No siempre. Hay atracción mayor hacia la madre, para suplantar inconscientemente a un hombre que los trata mal a ambos.

Complejo de Electra: tendencia de la hija hacia el padre, es el primer hombre que conoce. Ella se identifica poco a poco con la madre de manera activa o de manera pasiva según la relación afectiva existente entre las dos. De esta relación puede incubarse el lesbianismo.

c) Por todo lo anterior vemos que el niño no es un ser amorfo en lo que se refiere al orden afectivo: ya en la primerísima infancia está influenciado por la libido. Se da en el niño cierta repercusión sexual difusa no diferenciada. (Igual su afecto se dirige a un hombre como a una mujer).

Estas son las características del amor infantil:

- Afección apasionada, apego un poco irracional

- Estimación afectiva, afecto a persona concreta

- Sentimiento de posesión y rivalidad.

d) Dificultad de evolución de este amor infantil: Su estudio es de gran importancia por la influencia afectiva en la juventud y en la madurez. El amor es algo dinámico, se va haciendo. El niño posee la semilla del amor del adulto, tiende hacia ese amor adulto a través de complicada evolución. Los desperfectos del amor del niño influyen definitivamente en las otras etapas de la vida.

Pueden motivar regresión:

1. La exageración de la función del superego: censura a consecuencia de prohibiciones. Tanto mayor será la regresión en el super-ego cuanto dichas prohibiciones sean:

- mas ilógicas (capricho de los padres)

- más inflexibles

- sobre todo, cuando menos corresponden a la realidad

2. Sentimiento de frustración, que es sobrepasar los estadios inferiores para entrar en los superiores. Si no satisface tales necesidades, experimenta un sentimiento de frustración. Este sentimiento se vuelve al pasado que se presenta como un paraíso perdido. Es la regresión. De ahí la importancia de las relaciones con la madre. Hay que pensar en el hospicio o asilo de

niños en el que muchas veces el niño es un simple número.

e) El primer contacto con la sociedad es de una importancia enorme por las repercusiones que tiene en la vida del niño. La afección de la madre y su conducta tienen gran influencia en la aceptación de las disciplinas sociales: exceso de rigidez o demasiado libertinaje son inconvenientes.

Hacia los tres años el niño se muestra muy afectuoso, blando y muy apegado a la madre. Si está apegado a la niñera, como un sustituto de la madre, siente ansiedad por su despido. A la primera edad el padre tiene mucha importancia para la niña y más tarde para ambos.

Si esos primeros pasos de la infancia y de la niñez no se dan de manera apropiada, es decir, no hay mucha espontaneidad y una acertada libertad, entonces viene la catástrofe. El niño se sentirá dominado por el complejo de inferioridad. De aquí que,

1. El niño no debe ser abandonado en esta su primera batalla, de lo contrario se sentirá fracasado y desarrollará una personalidad débil.

2. Se debe evitar toda tensión entre los padres. Debe reinar una gran armonía. El ideal de papá es conquistar a mamá. Hay un gran peligro de regresión por el miedo. En muchos hogares hay violencia. Y la violencia aterroriza a los niños.

III - La segunda infancia (de 5 a 10 años) se caracteriza por:

a) Latencia sexual: la sexualidad está dormida. Dormición afectiva después del turbulento período del complejo de Edipo. No es período explosivo pero tampoco se da la dormición total. Conviven niño y niñas sin mayores problemas.

b) Gran actividad: organiza elementos adquiridos en los períodos anteriores para lograr integración más perfecta de su personalidad (sentimientos, apertura social, fatiga).

c) Erotismo y sexualidad que antes eran un todo, se desintegran. Es importante esta disociación, porque es el primer paso hacia la madurez. Si no se separasen, ninguno de los dos elementos lograrían pleno desarrollo y especificación; consiguientemente su estudio es separado. Si se da masturbación en esta etapa, no es un fenómeno compensatorio, sino simple juego, experiencia senso-sexual, sin repercusión afectiva. Hay que tener una vigilancia pedagógica, y si algo se prohíbe, en esto de lo sexual, es lo mismo que si se prohíbe algo en un juego peligroso. Debemos tender a ser más positivos que negativos.

DECIMOQUINTA CONFERENCIA

ARTÍCULO II - LA ADOLESCENCIA

I - INTRODUCCIÓN

La adolescencia es la edad de las ocasiones, de las grandes posibilidades de madurar y de formarse una personalidad adulta. Claro que necesita de la ayuda de la sociedad que lo rodea.

El comportamiento sexual es una actividad de la persona. La perversión sexual es un desgarrón, una despersonalización, es la sexualidad escapada del control del amor y la razón.

Hay que hacer distinción entre lo común y lo normal. Si el 70% de los jóvenes actúa así, decimos que es común. Pero no es la estadística lo que nos dice si es o no normal.

No debemos confundir situaciones afectivas con crisis puberal: hay una pubertad física y una pubertad afectiva. Esta crisis acompaña a la primera. Comúnmente dura tres años: de los 13 a los 15 en las muchachas y de los 14 a los 16 en los muchachos.

La adolescencia es la ruptura con la infancia. Un poco negativo. La juventud es algo más positivo: inicio, apertura triunfal a una nueva vida. Pretendemos allí caracterizar la madurez sexual y las condiciones que la favorecen.

II - FACTORES DEL DESARROLLO SEXUAL

1. La pubertad fisiológica introduce una diferencia cualitativa en el comportamiento. La sexualidad de la infancia es esencialmente una sexualidad erógena, de actividad exploradora y de gran curiosidad, con tentativas de imitar al adulto.

2. La psicología y las ciencias antropológicas demuestran que la cultura ambiental condiciona el desarrollo del hombre, fortaleciéndolo con materiales que desarrollan su personalidad. Esto para comprender la vida sexual del adolescente. Hay diferencia en el modo de entender el sexo y de actuar entre las diversas culturas. La nuestra es una cultura extremadamente compleja, diversificada y contradictoria. Tenemos una sexualización y una erotización, emancipación del sexo e hiperexcitación sexual copiosa: espectáculos, revistas, etc. Es una cultura afrodisíaca y un sexo comercializado. Hay delitos sexuales, obsesiones, infantilismo. Pero al mismo tiempo se da la represión irracional, religiosa.....

3. Personalidad y poder de decisión: el niño o niña que entra a la adolescencia: tiene ya una personalidad y un carácter definidos, una manera de ver el mundo. Puede ser una personalidad abierta o cerrada sobre sí misma: idealista o positivista. Es la edad decisiva en la evolución de la personalidad. Según su decisión la fuerza del instinto en el hombre viene a ser fuerza para la construcción o para la destrucción.

III - PUBERTAD FISIOLÓGICA Y REPERCUSIONES EN EL DESARROLLO

1. La pubertad se caracteriza en sentido estricto, por la aptitud para la procreación. Son transformaciones morfológicas que duran varios años, y biológicas de

un muchacho en hombre y de una muchacha en mujer.

2. La edad en que comienza esta adolescencia es muy variable, de acuerdo a herencia, raza, clima, cultura, excitaciones del medio, etc. Pero como dijimos, generalmente se inicia en las niñas a los 13 y en los niños a los 14.

3. El cambio se debe al aumento notable de hormonas sexuales que ya están en la sangre desde el nacimiento. Consecuencias: maduración y desarrollo de los órganos sexuales primarios, aparición de caracteres sexuales secundarios. El equilibrio fisiológico se restablece progresivamente. Se da aceleración de la pubertad. En nuestra cultura occidental democratera y libertina se presentan problemas educativos, intensidad de emociones, que se hacen más intensas por los medios de comunicación muchos más sofisticados, etc. De ahí se deriva la precocidad de nuestros niños y jovencitos.....

4. Repercusiones psicológicas: angustia de los fenómenos masturbación-polución y menstruación. Dificultades psíquicas y orgánicas: dificultad de crecer como los otros, timidez que lo aleja de las relaciones, del deporte (en algunos) y del trato con los niños y con las niñas.

IV- DESARROLLO DE LOS CONOCIMIENTOS EN MATERIA SEXUAL

1. Hay fuentes malsanas de iniciación sexual, falta de educadores y sobre todo la falla principal: los padres. Hay un mínimo de educación sexual proveniente del padre. Las niñas son más favorecidas que los niños: la madre generalmente las pone más al corriente para prevenir el choque emotivo que podría provocar la

primera menstruación. A veces cuando los padres intervienen llegan demasiado tarde. Esos padres creen poder preservar a los niños con un silencio prolongado, en esta época de hipersexualidad difundida por los medios. Y lo mismo estaba pasando con los educadores.

2. Entre los padres y los hijos se crean a veces barreras impresionantes: muchas veces se hace psicológicamente imposible abordar el tema sexual, si no se ha tenido una prudente y progresiva educación para el amor.

Hay un sentimiento de pudor y reserva naturales en la familia. Los padres temen que el conocimiento impulse a la experimentación, a la realización del acto sexual. Hay mucho influjo de ideas maniqueas que confunden inocencia con ignorancia y lascivia con sexo.

Casi siempre esta educación tiende a ser negativa, no favorece el desarrollo normal del cuerpo. En cambio es una educación sexual dejada en manos de los camaradas, de las criadas o en general de las personas de la calle que favorece un desarrollo sexual desviado. La educación hecha a tiempo por los padres y educadores, favorece un desarrollo normal y facilita el dominio del instinto.

V - MANIFESTACIONES DE LA VIDA SEXUAL EN LA ADOLESCENCIA

1. Entre la Pubertad y el Matrimonio encontramos la más grande excitación y la más alta frecuencia del ejercicio de la sexualidad. La sexualidad y la afectividad siguen caminos independientes hasta que se definen y cristalizan con el correr del período de la

adolescencia: precisamente esta integración es la que produce la crisis de la pubertad. El joven y la joven siente una personalidad y una sexualidad bien definidas y activas.

2. Ellos sufren una gran trasformación. Las primeras experiencias de la ovulación y de la eyaculación respectivamente, pueden producir choques de graves consecuencias, si no hay una preparación. De ahí la importancia de la primera impresión, la curiosidad de conocer y de experimentar en sí mismo. El joven no vive en el presente sino en el futuro: planes, sueños, ilusiones....

3. Cuando hay experiencias precoces ordinariamente proceden de estímulos externos y no de movimientos internos. El joven es más erótico que sexual, mas imaginativo que experimental. Se da ahí cierta separación entre lo afectivo y lo sexual. En la muchacha no es tan marcada esta separación. El joven piensa en la joven en cuanto es mujer, lo femenino abstracto, rara vez en mujer concreta, por eso parece odiar a la chica, la desprecia. Psicológicamente este desprecio mutuo es óptimo; afirma masculinidad y feminidad.

4. Esta afirmación, produce el mismo efecto que la separación de la madre, que ejerce demasiado papel protector sobre el niño. Esto no quiere decir que el adolescente no posea una auténtica afectividad, no afectividad pasiva (como el niño que recibe), sino activa. El joven no quiere ser amado sino amar y solo, luego, como respuesta, ser amado. Busca la iniciativa en el amor, busca colmar sus ansias fuera de casa, se va con su pandilla de amigos. Es muy propio de esta edad el autoerotismo y el homoerotismo.

DECIMOSEXTA CONFERENCIA

ARTÍCULO III - LA JUVENTUD

I - PSICOLOGÍA DEL JOVEN

1. En la adolescencia se había perdido el equilibrio. A los 17 años se reencuentra este equilibrio personal. Se robustece en lo corporal y en su personalidad se afirma el propio yo.

2. Poco a poco se adquiere visión del mundo, estabilidad en la voluntad, hábitos,

3. capacidad para intervenir en la sociedad.

4. Pero los 17 años no señalan el final del período de formación; el joven aun es egocéntrico, aunque trata de incorporarse a la sociedad. En la adolescencia la actitud es negativa frente a la sociedad, hay descontento y protesta. Ahora pasa a las relaciones más positivas: la tendencia a no desaparecer socialmente, a afirmar y a desarrollarse según un plan de vida preestablecido, a ocupar con responsabilidad el propio puesto, a buscar su propia identidad, a actualizarse como persona, a defender y agrandar la esfera de su propia independencia y libertad, a permanecer fiel así mismo manteniendo su propia coherencia íntima, su propia voluntad y el concepto que ha elaborado de sí mismo.

5. Se desarrolla la tendencia a la comunicación, al contacto con los otros, al intercambio, al don de sí mismo, a la protección, a la simpatía, a la amistad. Cuando hay vida aislada, en que se actúa por fuera de

la comunicación social, se encuentra con frecuencia inseguridad, inquietud, angustia. Por eso el joven necesita del amor en sus múltiples formas, activas y pasivas, amistad, simpatía, respeto y necesita del dominio de sus pasiones.

"La tendencia a vivir en común con los otros, dice Ph.Lerch, viene a ser una fuerza dinámica que encontramos impulsante en el acto de amar a los otros hombres, de participar en sus sentimientos. Más aún, la tendencia a la compañía, descubre a cada individuo amplios horizontes de vida y le da conciencia a participar en una actividad cuyo valor supera la individualidad" (La Estructura del Carácter, Cedam, 1950).

II - AFECTIVIDAD

1. El joven se siente seguro en el orden sexual y psíquico. Se siente fuerte, pletórico de vida y con sexualidad distinta a la de la joven. Tiene una actitud positiva frente al otro sexo. Sin embargo es un período de inexperiencia. Ya en el final de la adolescencia y comenzando la juventud, se va dando un progresivo acercamiento de los sexos, según la modalidad variadamente condicionada de la maduración personal y del ambiente socio-cultural.

2. El joven se siente atraído por la joven. Llevado por su inexperiencia, se lanza a su primera aventura y ve que las guapitas son complicadas. Ellas a su vez comienzan a despertar y a sentir una atracción cada vez menos difusa por los muchachos en general y por algunos en particular.

3. La atracción tiene diversas etapas, más o menos según los estadios más activos de la vida humana: la

atracción sexual general que corresponde a la adolescencia y la atracción sexual física que corresponde a la edad madura. (No propiamente a la madurez en el sentido de persona acabada).

a) La atracción sexual general, consiste en un sólido interés por la persona del otro sexo y una especial sensibilidad por las cualidades que lo distinguen.

El joven no entiende nada del mundo femenino, tiene un amor abstracto, ama a la mujer sin concretarla. Los hombres son sensibles a la gracia, a la capacidad emotiva, a la belleza, a la ternura de la mujer. Las mujeres son atraídas por la fuerza, la energía, el valor, la calma, la riqueza, su capacidad de producirla y la decisión del hombre.
Hay cualidades complementarias al darse la fusión de los sexos: en la vida social, la interdependencia y el poder recíproco. Las sanas relaciones de los dos sexos son ventajosas:

previene la represión, desarrolla mutuo respeto. Los bailes, las fiestas, los encuentros son muy útiles. Puede haber excesos, como todo lo que se mezcla con pasión exagerada y relaciones sexuales prematuras. Los jóvenes no están preparados para las consecuencias de esas relaciones como son la posible procreación, la manutención y educación de hijos. Y aunque no los tuvieran, la inmadurez de la relación conlleva graves consecuencias somáticas y psicológicas.

La curiosidad, en sí inofensiva, puede llegar a ser morbosa. En eso del sexo la curiosidad es insaciable. No solo es intelectual sino que tiene un fuerte estímulo emotivo. Impulso a volver a las fuentes de información. Hay que estar muy alerta en este sentido.

Hay que evitar informaciones sexuales indiscriminadas. A veces no es útil dar una información a grupos muy grandes porque hay diversos niveles de maduración y depende mucho, para ser efectiva, de la sabiduría de quien da la información.

Es un error hacer del argumento del sexo un lugar común y discutirlo sin reservas. Es indispensable educar el espíritu y no dar informaciones solo fisiológicas como si se tratara de una máquina. Es principio falso de que todo se puede decir solo porque es verdadero. Hay que disciplinar la misma curiosidad y darle al pudor el valor que se merece.

b) Atracción sexual personal.

Consiste en concretarse poco a poco a una mujer, a medida que va conociendo el mundo femenino. O a un hombre, a medida que crece su curiosidad por el mundo masculino. Son relaciones personales de TU a TU. Le pueden atraer muchas mujeres en general, pero se siente atraído especialmente a una. Lo mismo sucede con ellas. Puede ser una simple amistad o la manifestación específica de aquella esfera del instinto sexual que llamamos atracción sexual personal, "mi tipo" (comprende "mi objeto sexual").

Características de esta atracción:

1. Difiere de la amistad ordinaria por sus manifestaciones emotivas. Lo más característico es el exclusivismo. Le ofende la presencia de un tercero; es un monopolio sobre los afectos de la persona amada.

2. En la amistad, el amigo es bueno. En esta atracción sexual la otra persona es fascinante (adorable). Es una

fascinación emotiva. El comienzo es un misterio. Lo que mueve la atracción puede ser una cosa insignificante, la figura, la voz o los ojos, el pelo, sus piernas, sus pechos. Para la mujer lo fascinante puede ser el valor del hombre, la fama, el triunfo, sus músculos, su bigote, su poder, etc. Su ausencia es intolerable, vienen las cartas, los recados, etc.

3. Este afecto no se contenta con la sola presencia física: tiende a manifestarse en palabras dulces, protestas amorosas, besos y caricias. No es solo pasión física sino que son signos externos del amor.

4. Mutua asimilación de intereses: generalmente aman y odian las mismas cosas. Desean compartir y fundir la vida entera. Es un resultado psicológico perfecto hacia la unión perfecta de los cuerpos y de los espíritus. Se busca la perpetuidad y estabilidad de ese amor en el matrimonio.

c) Finalidad de la atracción sexual personal.

Esta atracción establecida por Dios y la Naturaleza, tiene límites muy precisos que es necesario conocer. Se trata de una emoción, y como toda emoción no es muy duradera, a menos que se cultive.

1. El primer límite es tener conciencia de que esta atracción es ciega; no necesariamente irracional, pero obra fuera de la razón. Se comporta ciegamente en cuanto al temperamento e instintivamente en cuanto al sexo: poco se fija en las cualidades de carácter del otro. No es verdadero amor sino solo una fascinación. Puede llegar a convertirse en verdadero amor cuando se combina con el espíritu y se convierte también en una amistad.

2. Todo noviazgo debe llegar a ser una verdadera

amistad. Si se casan, tendrán éxito si son amigos de verdad. Si la amistad no se da durante el noviazgo, casarse supone jugarse la felicidad de toda la vida y gravísimo perjuicio para los hijos, si los hay.

3. Esta atracción puede llegar fácilmente a la relación sexual. Las caricias, abrazos, besos pueden llegar a ser tan frecuentes y tan intensos que conduzcan a esta relación íntima. Si no se quiere llegar al acto sexual habría que observar el buen sentido práctico: evitar las ocasiones de estar solos por mucho tiempo, Para el hombre hay más peligro en el plano físico. La joven responderá menos rápido al estímulo físico. Aunque ella cederá a los requiebros del amor del joven a quien no querrá ofender por temor a perderlo. El amor femenino tiene una notable cualidad de abandono y sumisión. Cuando se encienden las llamas de la pasión, el deseo de sumisión es con frecuencia dominante.

d) La tercera es la atracción sexual física.

1. Es una atracción de los cuerpos: ve en el otro sexo un medio para estimular y satisfacer la pasión física y llega por fin a la unión sexual. Desde el punto de vista físico es algo que tenemos común con todos los animales: el instinto de reproducción.

2. El hecho de que sea actividad animal no quiere decir que quebrante el nivel de la dignidad humana. Lo haría si el ser humano se deja llevar ciegamente por el instinto. La unión sexual es desde el punto de vista psicológico, la expresión mas profunda del amor humano. Debería ser la comunicación del más solemne pacto posible entre dos seres.

3. El acto sexual, por el designio divino, es el primer

requisito normal al más grande acontecimiento en el orden natural: creación del alma humana, la producción de la vida.

4. El amor de los esposos pasa por las tres esferas: mente, corazón y cuerpo. Ni es solo espiritual ni solo emotivo ni solo pasional, sino que lo es todo junto. Ese es el amor especial matrimonial. Vínculo que conlleva la procreación, la amistad y el afecto, la fidelidad. A veces de los 25 a los 30 años, tiene lugar la cristalización definitiva del amor (todo depende del grado de madurez de la persona).

Es período en el que no se adquieren nuevos elementos, sino en que se consolidan los adquiridos. Cada persona adquiere su ritmo sexual individual, se hace la elección definitiva de la o del compañero de la vida y la elección de la propia profesión social. Así se llega a la madurez adulta.

DECIMOSEPTIMA CONFERENCIA

ARTÍCULO IV - PSICOLOGÍA DE LA EDAD ADULTA O MADUREZ

I - Este estadio nos presenta menos dificultades que los anteriores porque:

1. Se encuentra ya en la plenitud de la personalidad.

2. Ya es capaz de reflexión personal científica y psicológica. Es tiempo para que el adulto se estudie a sí mismo, estudie también a los jóvenes, y allí corre el peligro de proyectarse, es decir, de descubrir como propias las características del joven, datos propios de la situación en que él mismo se encuentra.

3. El adulto aparece como hombre equilibrado; ha logrado la integración de valores y se ha capacitado para su misión concreta (y en el momento, la historia de la salud señalada por Dios en el mundo). Es la etapa principal de la vida humana y la más prolongada; reúne equilibrio-integración-realización. Las etapas anteriores eran preparación para esta última.

II - Afectividad adulta.

La afectividad adulta debe tener una heterosexualidad que reúna estas cualidades: realista, actual, personalística, permanente.

1. Tiende a su actuación en el presente. No le bastan proyectos. Heterosexualidad bien precisa, no como en el niño, y actual, no como en el joven. Tiende a la

unión sexual personalística en el presente. Obliga a concretar a la compañera de su vida. Logra su cristalización en ella. No es transitoria (cópula fugitiva), sino que hay un dinamismo constante.

Hay error en ciertos maestros, sacerdotes o personas mayores de querer arreglarlo todo siempre con el matrimonio. El matrimonio no es una panacea.

El adulto debe amar en el presente, de lo contrario se sentirá frustrado: siente vacío (sentimiento de mutilación). Es muy difícil conservar el equilibrio y se siente el complejo celibatario (ejemplo de la chica paranoide). Muchos individuos obligados por presión social o/y religiosa, a permanecer célibes, se buscan generalmente sustitutos.

2. Actividad integrada: valores de la niñez, de la infancia, de la adolescencia y juventud. Integración armónica de todos esos valores de la personalidad adulta. Integración sexo-eros. Amor personalístico con su aspecto egocéntrico y altruista, convertido finalmente en "nosotros".

3. Yo y Tú: mundo privado y mundo social. Amor personalístico íntimo y amor a los amigos.

Tiempo pasado (historia, maestra de la vida); futuro (previsión), es el presente abierto al amor ya dicho. Integración precisa que excluye confusión. Afectividad adulta, permanente, estable, expresada en el matrimonio: unión legalizada por la autoridad pública o por la comunidad ya sea civil o religiosa, entre hombre y mujer.

Algunos se preguntan indignados qué tiene que ver la autoridad pública o la comunidad con algo tan íntimo como la sexualidad y el amor. En realidad en la evolución histórica de la humanidad, se descubre la tendencia hacia la estabilidad de la vida.

Una vida no estabilizada en lo profesional es una vida perdida, inútil; quien quiere abarcar todas las profesiones no ejerce ninguna. En el niño hay confusión, puede ver todas las posibilidades, pero llegada la madurez, la determinación se impone.

Recordemos que el instinto sexual se dirige al bien de la especie, aunque de manera secundaria se dirige al bien del individuo. No es como el comer, en cuya regulación a la autoridad pública le toca callar (en circunstancias normales). Por eso la sociedad, la comunidad debe ocuparse del bien común y por ende puede y debe tender a la realización de la misión de Dios en la humanidad al servicio de la vida.

III - Sublimación afectiva - celibataria

Hay quienes no llegan a la heterosexualidad actual en el matrimonio sino que se quedan célibes. ¿Qué decir de estas personas? Pueden darse diversas consecuencias:

1. Frustración: se puede dar cuando se llega a la edad adulta porque este adulto no tiene lo que debiera poseer según su propia psicología de adulto. Se da un sentimiento de frustración que conducirá al menos al complejo celibatario y a veces a verdadera neurosis. La histeria es una de ellas. Algo relacionado con el útero (Del latín "uterus").

El complejo celibatario se manifiesta en:

a) Infantilismo: la persona no llega a la edad psicológica adulta; no se madura.

b) Egocentrismo: al no abrirse al otro se cierra en su yo.

c) Maniatismo: se enamora de pequeñeces. Se da ese sentimiento cuando la persona adulta debe renunciar a las relaciones heterosexuales y debe permanecer en la soledad contra su propia voluntad profunda. Aunque acepte dicha renuncia con una voluntad superficial. A veces se renuncia, o porque el medio presiona mucho o por debilidad y cobardía. Por ejemplo, no expone su estado de ánimo a la persona o personas que representan a Dios y están encargadas de recibir esta renuncia.

d) Neurosis. Para algunos todas las manías llevan a la conclusión de que se han equivocado: debían haberse casado. Esto pasa en algunos sacerdotes y religiosos. Otras veces se trata de personas inadaptadas por temperamento (complejos infantiles no solucionados) y serán inadaptados en cualquier estado de la vida.

2. Sublimación: se da la sublimación de la renuncia celibataria cuando esta actualización de la sexualidad es aceptada de modo positivo y con cierta apariencia de libertad y con la anuencia de la voluntad no solo superficial sino aparentemente profunda.

No actualizar la sexualidad deja de ser renuncia, excluye frustración y se convierte realmente en un sustitución. Se puede ver en la vida cuotidiana a personas que se quedan célibes y sustituyen su carencia de afectividad por su entrega total a alguien asexuado, como la Virgen María.

Se da a veces la sustitución por cosas. Hay gente que se casa con el arte, la ciencia, el dinero, un hobby, un animal, un objeto. O se entregan al alcohol, a la droga, al juego, etc. Es la misma sexualidad disfrazada. El ser humano remplaza las carencias por lo que tenga más a la mano y por aquello que relativamente le cause más placer. La "felicidad" para mucha gente viene a ser la satisfacción de las represiones.

Hay gente que permanece reprimida toda la vida y de ahí los malestares psicológicos. Esta sublimación desde el punto de vista religioso, sería una sustitución que requiere aceptación libérrima y un amor superior. Sublimación que es sustitución del amor humano con otro amor superior, en el que de la manera mas eminente se contiene cuanto de positivo hay en el amor humano personalístico.

3. Cómo se da la sustitución.

No es necesaria un sustitución religiosa o por motivos religiosos, pero siempre debe ser espiritual. Admite juntamente con los motivos religiosos, los filantrópicos y culturales. También exige que tal sustitución se de en microsociedad, porque de lo contrario no podría conservar las relaciones personales (características del amor adulto). De ahí que las concentraciones demasiado grandes traen problemas. Si no se dan estas condiciones, no habrá sustitución y quedará abierta la puerta al complejo celibatario.

La sustitución puede ser activa: la persona que teniendo las posibilidades de casarse, se consagra plenamente a Dios o se consagra con fines filantrópicos al servicio de la humanidad. Es pasiva, cuando esa entrega a Dios, y, al servicio del prójimo se da precisamente porque no se dan posibilidades de matrimonio o la posibilidad es muy remota.

A veces se dice que esta no es una verdadera vocación sino una resignación. La gente religiosa distingue, porque sí se acepta libérrimamente esta renuncia, viendo en las circunstancias que impiden su matrimonio la manifestación de la voluntad de Dios, entonces sí hay verdadera vocación. Lo que pasa es que alguien dice: Profeso porque no tengo con quien casarme. Esto es común en personas que son tímidas por naturaleza o creen no tener ninguna atracción para el sexo opuesto.

4. Desviaciones afectivas de los adultos: Manifiestan retroceso en el desarrollo.

a) Infantilismo afectivo: frecuente conflicto entre la elección madre y novia.

b) Egocentrismo: rompe con el mundo que lo rodea.

c) Prostitución formal: se casa no por valores personales sino por otros motivos.

d) Masturbación: se da cuando en la cópula piensa en otra mujer o en otro hombre.

e) Divorcio: a veces sucede después de un período de verdadero amor, a veces el verdadero amor nunca existió. El divorcio psicológico existe, cuando la pareja se distancia por pequeños detalles.

5. Desviaciones paralelas en el estado celibatario:

a) Hay desviación cuando no hay sublimación de la renuncia, en este caso se da una verdadera frustración. Es como verse obligado a renunciar sin razón válida a un deseo que es, además de natural, muy justificado.

b) En caso de aceptar positivamente la renuncia, son

posibles, el infantilismo afectivo que es la búsqueda de la madre de manera obsesiva, y el egocentrismo juvenil que es buscar en todo a la amada. Puede presentarse el fenómeno del escrúpulo y por tanto la búsqueda exagerada del confesor o del director espiritual. Se puede dar una fijación en la persona dirigida del sexo que más atracción le procure, hombre o mujer.

c) Puede no haber amor personalístico a Cristo: simplemente se acepta la renuncia celibataria porque no hay otro medio de ganarse la vida sino en ese estado.

Jesús Mario Murillo

DECIMOCTAVA CONFERENCIA

ARTÍCULO V - LA VEJEZ O SENECTUD

Parece que el joven y el adulto son alérgicos al conocimiento de la vejez. Ciertamente son poquísimos los estudios sobre el comportamiento afectivo y sexual de los ancianos. Tal vez sea por la convergencia vejez-muerte. La vejez no debe ser vista como la degeneración del hombre sino la cumbre del desarrollo humano, su plenitud. La caducidad de la belleza no debe enturbiar el goce que nos proporciona.

1. En el curso de nuestra existencia vemos agostarse para siempre la belleza del rostro y del cuerpo humanos, mas esta fugacidad agrega a sus encantos uno nuevo. Una flor no nos parece menos espléndida porque sus pétalos solo estén lozanos durante una noche. En nuestra senectud imaginamos poseer cierta cuantía de capacidad amorosa, llamada libido, que al comienzo de la evolución se orientó hacia el Yo, para más tarde -aunque en realidad muy precozmente- dirigirse a los objetos, que de tal suerte quedan incluidos en nuestro Yo.

Ciertamente hay degeneración biológica, disminución de vitalidad. Puede ir perdiéndose la memoria, la iniciativa, la agresividad. Pero cuenta con madurez espiritual: casi siempre hay lucidez de la inteligencia, madurez, espíritu.

El anciano vive más en el pasado que en el futuro. Es en este momento de la vida en que se siente profundamente la polaridad entre el instinto de vida (eros) y el instinto de muerte (tanatos).

La mayoría de la gente anciana es desapasionada en sus juicios: acepta con calma, objetividad y tranquilidad todas las contingencias de la edad avanzada. Para que su misión sea positiva, el anciano tiene que aceptar la evolución de la vida humana.

Si la rechaza deja de cumplir su misión. Esto lo llevaría a la amargura y al complejo de inferioridad. Porque ve que no puede hacer lo que hacía antes, no sabe renunciar a la etapa anterior. No acepta su propia muerte. Si carece de la fortaleza de aceptar su caducidad, surge inadaptación, a veces radical, manías, neurosis e instintos suicidas.

2. Afectividad del anciano.

Hay marcada diferencia entre el hombre y la mujer. En el hombre se da degeneración biológica general, no en lo sexual, por lo menos en el deseo, que permanece activo. La impotencia para la erección ocurre ordinariamente en la edad avanzada, pero más ocasionalmente se da esta situación secundaria con enfermedades o desórdenes de la edad senil (por ejemplo la inflamación de la próstata). Otras, la impotencia está relacionada con el stress y el nerviosismo de la vida moderna o con la represión en la que nos criaron.

En la mujer, la degeneración física general se da de manera específica en la sexualidad o más bien en la capacidad de procrear. Suspensión que se llama menopausia. Y ocurre casi siempre entre los 45 y 50 años. La crisis fuerte dura de 12 a 18 meses. Se manifiesta en perturbaciones fisiológicas, alzas de temperatura (flashes), excitabilidad nerviosa, inestabilidad confusa, parecida a la crisis puberal. Tampoco pierde el deseo sexual.

El pensamiento común de la sociedad sobre la sexualidad de la persona de edad avanzada tiene que ver mucho con su comportamiento. Alguna gente identifica sexualidad con reproducción. Y no es así. Cuando la edad de reproducción de la mujer toca a su fin con la menopausia, asume que toda su actividad sexual cesa por completo, pero no es así. Con frecuencia se dejan influir de este sentir tradicional y esto contribuye enormemente a la disminución de su actividad sexual.

Ya se están viendo algunos intentos de investigar más a fondo las actividades sexuales de este sector de la población. Algunos hombres y mujeres de edad mayor tienen la creencia de que la actividad sexual los debilita y los hace más propensos a las enfermedades. Se ha comprobado que la actividad sexual los desinhibe, les da sensación de vitalidad.

Investigaciones que se han hecho entre personas mayores de 65 años, han concluido que el conocimiento y comprensión son benéficos en promover saludables y positivos puntos de vista hacia el sexo. A medida que avanzan los conocimientos de la ciencia médica, se van descubriendo más beneficios del ejercicio de la sexualidad para la prolongación de la vida. Y se van dando más incentivos a los ancianos para que no solo se les prolongue su existencia con el ejercicio de la sexualidad sino que hallen compañía y solaz espiritual en la vida amorosa.

De acuerdo al libro del amor erótico de los hindúes (el Kamasutra) en el principio existió una corriente independiente masculina y otra corriente independiente femenina, las que se pueden comparar con dos polos eléctricos que se atraen y se repelen el uno al otro y cuya unión produce luz y energía. La Creación nace de la unión de dos energías, masculina y femenina y todo desaparece cuando ellas se separan.

Naturalmente cuando queda fecundada la corriente femenina por la masculina es cuando llega a su más alto nivel. El hombre y la mujer unidos en su deseo sexual forman un todo, y juntos consiguen progreso material y espiritual que los acompaña hasta la muerte.

DECIMONOVENA CONFERENCIA

ARTÍCULO VI - ALGUNAS DESVIACIONES DEL AMOR

Hablaremos de las principales desviaciones del amor en estos estadios. Algunas de estas desviaciones se dan solamente en el orden intelectual por inadecuada iniciación al amor. Otras son debidas a experiencias sexuales prematuras, abuso sexual infantil. La mayor parte se dan por causa de la represión de la infancia y adolescencia y de las relaciones defectuosas de los padres entre sí y de ellos con sus hijos.

¿Que entendemos por desviaciones? Algo que se sale de la vía natural. Las disfunciones sexuales y las variaciones afectivas. Disfunciones en el sentido orgánico, es decir, en el modo natural de realizar el acto sexual, válido para la procreación. El salirse de este orden natural, es la disfunción. Las variaciones afectivas son las predilecciones sexuales que en determinadas ocasiones no se dirigen precisamente al otro sexo sino a sí mismo, a personas del mismo sexo o a objetos que de alguna manera se relacionan con el sexo o lo sustituyen. Desviar, como su nombre lo indica, es salirse del cauce primitivo y común.

I - LA MASTURBACION

1. La masturbación es casi la primera manifestación sexual solitaria que se da en la infancia. ¿Que es la masturbación? Es el manoseo de los genitales hasta procurarse placer, placer que viene acompañado más tarde por la eyaculación, en el varón y orgasmo en la

mujer. Es satisfacción egocéntrica, autosexual, solitaria, pero también de algún modo relacional, porque tiene imaginariamente presente al otro/a.

Es un fenómeno que se centra en sí mismo. Se cae del estado amoroso a la satisfacción y contemplación del yo. Todo viene proyectado sobre el propio cuerpo.

2. De algún modo egocéntrica y autosexual, es también alocéntrica e imaginariamente heterosexual. En el orden físico es autosexual, pero tiene la imagen de la mujer o del hombre -objeto sexual- en su mente.

Puede llegarse a la convicción de que la sexualidad es solo para bien del individuo, impidiendo así la evolución perfecta de la sexualidad que es esencialmente altruista. Para bien de la especie no solo del individuo.

Desde el punto de vista histórico la masturbación es condenada por los egipcios, mencionada en los escritos de griegos y romanos y condenada en el Antiguo Testamento, cuando Dios reprocha a Onán que se derrama por fuera de la vagina de su mujer, porque no quiere tener hijos de ella que era esposa de su difunto hermano (Ley del levirato) Gen.38; 6,26 y Eclo. 23,16-17. El Talmud, muy severo, la compara con el homicidio.

En el Nuevo Testamento también se le condena 1Cor.6, 9-10: "¿No sabéis que los injustos no heredarán el Reino de Dios? No os engañéis! Ni los impuros, ni los idólatras, ni los adúlteros, ni los afeminados, ni los homosexuales, ni los ladrones, ni los avaros, ni los borrachos ni los ultrajadores, ni los rapaces heredarán el Reino de Dios." Ef.5, 3; Gal.5, 19.

En los escritos medievales le daban más importancia a las poluciones nocturnas que a la masturbación. La sexualidad ha estado imbuida de las ideas maniqueas pero con mayor razón en la Edad Media. Y de sexismo.

San Alberto habla de la mujer en términos peyorativos y casi como algo malo. Lo mismo San Gregorio y San Jerónimo. Este dice: "El sabio ama con la razón a su esposa, no con el afecto." En cuanto al semen, se decía, es algo superfluo, fuerza productiva viril. La mujer es pasiva, no aporta nada. En el tiempo de Aristóteles (en DE NATURA), se decía: "La emisión desordenada de esperma debilita al hombre porque es el alimento último destinado al desarrollo corporal".

3. Fenomenología de la masturbación.

Se da en todas las edades y según Sigmund Freud, en este orden:

a) La masturbación del lactante, que comprende todas las maniobras autoeróticas al servicio de la satisfacción sexual.

b) La masturbación infantil, que surge directamente de aquella y que ya se encuentra fijada en determinadas zonas erógenas.

c) La masturbación puberal, que sigue inmediatamente a la infantil o se halla separada de esta por el período de latencia sexual. (Ver "Introducción al Narcisismo" S.Freud).

La pretendida unidad de la masturbación sugerida por la terminología médica ha incluido algunas afirmaciones de carácter general, cuando habría sido más acertado ajustarse a dicha diferenciación de acuerdo con los tres períodos de la vida arriba citados. No se ha considerado la masturbación de la mujer en la misma medida que la del hombre, y Freud opina, que aquella, bien merece un estudio especial, pues precisamente la masturbación femenina traduce con particular claridad las modificaciones condicionadas por la edad.

d) La masturbación corresponde esencialmente a la actividad sexual infantil y luego a su perpetuación en años de mayor madurez. Derivamos las neurosis de un conflicto entre las tendencias sexuales del individuo y sus demás tendencias (yoicas). No se puede afirmar que la persona podría quedar libre de neurosis con el simple recurso de satisfacer ilimitadamente sus tendencias sexuales.

e) La masturbación, en efecto, no es en último término ni somática ni psicológica. Tampoco debe olvidarse que no es posible equiparar la masturbación a la actividad sexual general, pues solo representa tal actividad con ciertas condiciones limitantes. La polución en general es un descargue hormonal involuntario que se da principalmente durante el sueño (a veces la fantasía produce ensueños en que se satisfacen deseos inconscientes).

Comienza a mostrarse en el niño su virilidad y en la niña su feminidad. Puede originarse una costumbre si es repetitiva. El niño busca la soledad y es como una compensación a la reconcentración en sí mismo, buscando así la satisfacción masturbatoria solitaria. En general no se originan disturbios fisiológicos ni psicológicos en este estadio, lo que sí podría suceder en la edad adulta, la cual se detiene en el presente. Si el adulto se concentra en sí mismo, se hace incapaz de relacionarse con el otro, es decir, con su compañera o compañero.

4. Masturbación-perversión. Estructura psíquica por defecto en la evolución psicosexual. No hay angustia sino serenidad, cálculo. Es el narcisista que hace de la sexualidad un fin en sí mismo: búsqueda desaforada del placer. Una adicción. El acto sexual no está ordenado al otro, sino a sí mismo: esta es la perversión. El placer no es compartido. Y se hace daño.

Según Freud el daño parece imponerse por tres caminos distintos:

a) Un daño orgánico, desgaste de energías corporales y psíquicas, habida cuenta de la frecuencia desmesurada con que se hace porque se convierte en vicio y de la insuficiente satisfacción obtenida. Como adición se repite una y otra vez.

b) Por el establecimiento de un prototipo psíquico, al no existir la necesidad de modificar el mundo exterior para satisfacer una profunda necesidad. Pero si se desarrolla una amplia reacción contra este prototipo, quedaría abierto el camino al florecimiento de las más valiosas cualidades de carácter.

c) Por la posibilidad de la fijación de fines sexuales infantiles y de la permanencia del infantilismo psíquico. Con ello está dada la predisposición a la neurosis. Solo nos referimos a la masturbación puberal y a la que se mantiene después de este período. La fantasía tiene mucho que ver con la masturbación. Es una vida intermedia que se ha intercalado entre la vida ajustada al principio del placer y la gobernada por el principio de la realidad. La masturbación permite realizar en la fantasía desarrollos y sublimaciones sexuales que no representan progresos sino solo nocivas formaciones transaccionales.

Entre otros daños hay cierta atenuación de la potencia masculina lo cual facilitaría indirectamente al individuo la moderación.

5. Masturbación inconsciente: Es la polución durante el sueño, o en estados anormales como en el curso de ataques histéricos. Cuantos de estos ataques reproducen el acto masturbatorio en forma oculta o disfrazada después de que el individuo ha renunciado a este tipo de satisfacción sexual prohibida otrora. Se puede hablar a sí mismo de un retorno terapéutico de la masturbación.

Esa polución nocturna es generalmente producida por las elucubraciones de la fantasía, más que todo en las personas sometidas a la vida celibataria y/o a la supresión de toda actividad sexual.

6. Frecuencia de la masturbación (según Kinsey).

Su encuesta hecha en los Estados Unidos en 1948, nos da estos datos: el 68% entre los hombres adolescentes experimentan su primera eyaculación mediante la masturbación. En un total de 5000 muchachos de 15 años, el 82% se masturban. En las mujeres de 13, solo el 33% de ellas se masturba y 63% de ahí hasta los 30. Solo un 52% llega al placer total. Las mujeres muestran aumento en la frecuencia del orgasmo entre los 20 y los 30. Este aumento en la actividad masturbatoria tiene que ver, por un lado con la represión ejercida sobre el sexo por factores religiosos y culturales, y por el otro con la mayor permisibilidad que se da al sexo cuando parece estar dejando de ser tabú. También hay temor de hacer el sexo por las consecuencias de fecundar o quedar fecundada y sobre todo por el terror al SIDA. Así aparece mas cómodo y sin riesgos la masturbación.

VIGÉSIMA CONFERENCIA

7. Factores que favorecen la masturbación. No es solamente una tendencia sexual ciega y maquinal:

a) Atmósfera familiar inadecuada: el ambiente familiar debe asegurar al niño una apertura al mundo. Relación evidente entre formación de la personalidad y sociabilidad. El niño es frágil y se concentra todo en sí mismo. Necesita la afirmación del yo, de la misma manera que necesita el alimento. Esta afirmación la adquiere en la seguridad en el campo afectivo. La imagen y comportamiento de los padres tienen grande importancia.

b) Influjo materno predominante: es excesivamente exigente y absorbente sobre el niño. La identificación con la madre lleva al afeminamiento psíquico. La niña no dará el paso para identificarse con el padre sino también tendrá la tendencia a identificarse con la madre.

c) Se puede dar otra disociación del amor, por una parte, y la necesidad sexual por la otra si el niño idealiza a la mujer porque hay influjo absorbente de la madre sobre él. La puede admirar luego con un amor puramente platónico-espiritual, con la imposibilidad de dirigir sus tendencias amorosas a la esfera carnal y sexual. De ahí la separación Sexualidad - Erotismo. La masturbación puede ser consecuencia de esa separación. Puede generar una obsesiva timidez ante la mujer.

d) Ambiente escolar y seducción: lo dicho de la

familia se puede repetir en el ambiente escolar adverso. Si el niño encuentra dificultades con sus compañeros, procura afirmar su YO concentrándose en sí mismo. Puede darse también la seducción, o sea, la enseñanza práctica de la masturbación.

8. Momentos principales en que obran las causas.

a) La fase genital a la que se atribuye el complejo de Edipo, es momento muy importante.

Evolución sexual en estrecha unión con los padres. A veces se da angustia de castración en que la madre aparece como la castradora.

b) Período de latencia sexual: superado el complejo de Edipo, de los 6 a los 10 años, se duerme el sexo. Aparece el superego, la Conciencia Moral. Hay angustia de culpa debido al control o represión de los instintos sexuales. No es edad apropiada para masturbarse. Empieza en la escuela el período de seducción.

c) Pubertad: desarrollo anatómico y fisiológico e integración del Yo. Potencial afectivo que tiende al altruismo. Pero hay también una fuerza egocéntrica. El egocentrismo es la causa más común de la masturbación como búsqueda de placer y por la constatación de su cuerpo como expresión de personalidad y necesidad de ambiente familiar para adaptación social. Rol del padre.

9. Mecanismo de defensa automática del EGO. El fin: suprimir el dolor o lo no agradable. Se pone en acción cuando una tendencia erótica no es aceptada por el sujeto, tiende a reducir su manifestación o siente

angustia en centrarse a sí mismo. Hay mecanismos particulares:

a) Mecanismo de fijación. Se puede dar por el primer shock ambiental. Aquel acto se fija de forma especial e influye en la conducta.

Puede ser repetido según los reflejos condicionales. Las reacciones ante excitaciones inadecuadas se llaman reflejos condicionados. Tienen gran influjo en la educación del hombre. Después se olvidan las circunstancias en que fueron creadas y entonces queda la tendencia masturbatoria como algo fijo y estático. La norma de conducta permanece como tendencia y no como necesidad. La conciencia trata de impedirlo, pero el temor a no conseguirlo, produce la angustia.

b) Mecanismo de regresión: es también mecanismo psicoanalítico de defensa. Ante la dificultad de aceptar la genitalidad, el sujeto regresa al autoerotismo como única vía de manifestar su sexualidad. Es regresión inconsciente en dos formas:

- forma fálica,

- forma anal.

Esta regresión explica la masturbación y la angustia consiguiente viniendo a ser a veces una especie de masoquismo. La persona se castiga. Cree que es un placer prohibido. Y no suele ser un problema solo de voluntad. Puede ser una adicción.

10. Alteración de la voluntad

Algunos hablan de la deficiente voluntad de los masturbadores: es la manera más fácil de explicarla, pero quizás no la más verdadera. Se le echa toda la culpa al sujeto, a su voluntad débil. Sin embargo hay algunos que no son tan débiles de voluntad y hacen esfuerzos para controlarse. Sin embargo es muy difícil. Como en toda adicción se necesita ayuda. Debe haber maduración orgánica, la cual se hace por progresiva ordenación y subordinación de los nervios y maduración y formación de conducta voluntaria.

El principio del placer: dos tendencias no controladas.

El principio de la realidad: tendencia controlada (educación).

La libertad: afirmación de la voluntad y de la personalidad (posibilidad de orientarse).

Conducta reflexiva: desarrollo intelectual (posibilidad de decisión). Hay a veces sujetos con interferencias entre motivos voluntarios y motivos instintivos. En unos la falta de voluntad tiene sentido de pecado. En otros hay gran dificultad para llegar a una decisión, son abúlicos. Los masturbadores impulsivos tienen inhibición psíquica.

VIGESIMOPRIMERA CONFERENCIA

11. La masturbación hábito.

Adquirir un hábito significa una nueva forma de actuar. El cuerpo tiene una nueva forma de expresión. Y cuando el cuerpo está abierto a la nueva forma de expresión, el hábito está adquirido. El masturbador da una importancia excesiva al propio cuerpo. Su sistema corporal está alterado; existe negación de la propia genitalidad. Las regiones genitales son objeto extraño a sí mismo: centro de atención. Es como un llamado por parte de la genitalidad; siente, como si el movimiento de las manos fuera imperado por otras partes del cuerpo.

La masturbación como hábito expresa dirección autónoma de nuestro ser, una manera determinada de expresar su propio ser; parece como si fuera una venganza del cuerpo por considerarlo algo extraño. El cuerpo es considerado como algo extraño al Yo.

Masturbación-disección: separación del amor de la sexualidad. Solo en el amor hacia el otro la sexualidad se dirige a su fin. Si la sexualidad se hace centro de la persona, se excluye el amor y resulta incontrolable porque se cierra en el círculo del placer. El sujeto se hace esclavo.

Aunque el masturbador tome su cuerpo como objeto, no deja de ser sujeto. Y al ser sujeto se despierta en el la vivencia pasada. Por eso ante un estímulo cualquiera, el sujeto puede revivir la experiencia, el estímulo es más fuerte que todo. Así que todas las razones no sirven para nada. No obstante el sujeto tiende a controlarse y en esta lucha se pronuncia más la división

cuerpo: sujeto - objeto

angustia: lucha al placer que no podrá controlar

lucha: tensión, fuerte tensión que genera nueva masturbación.

Como se ve, ninguna de estas es la solución. La solución no debe buscarse en el mismo acto, sino que antes debe haber algo que trasforme al ser.

Solo una total conversión (metannoia), puede conseguir que la masturbación se manifieste en formas distintas. Cambiando la propia filosofía de la vida y encontrando amor. No solo recibiendo amor sino dando amor, se podrá cambiar el ser. La única solución es el entusiasmo amoroso por una persona. Solo el amor será capaz de polarizar la sexualidad desviada. Hace falta un estado de exaltación amorosa que progresivamente llegue a esa conjunción: amor y sexualidad juntos.

12. Cómo entender el fenómeno.

Hay que tener en cuenta tres aspectos:

a) El sujeto en la analítica existencial no se considera solo sino en relación con el tu. En esta proyección, el sujeto conoce sus posibilidades. En el masturbador pasa todo lo contrario: el sujeto se encuentra solo (sentido de soledad ante otras personas), se centra, se cierra en sí mismo y se fija en sí, en su propio cuerpo.

b) Modo existencial: la forma de vivir, de meterse en el mundo (vivencia de dos en uno). Cuando va marcado con el sello del amor, el sujeto vive de forma entusiástica, se tiene fe en las cosas. En el masturbador hay desconfianza, poca fe.

c) La imagen del mundo que tiene el sujeto: en el mundo del amor vive fuera de sí, pero con sentido de libertad. En cambio, la imagen de mundo del masturbador es de angustia con límite estrecho.

13. Tratamiento de la masturbación.

13a - ¿Cuál es el tratamiento?

a) - El fin es el abandono del hábito, como expresión de una reestructuración de la actitud existencial. Pero no se trata solo de abandonar un hábito

b) - ni se trata de provocar un shock amenazando con la pérdida de la salud. Es verdad que un shock puede bloquear un hábito, pero esto no significa curar. Esto significa un aumento de tensión. Precisamente porque hay angustia.

c) - Siempre que un hábito se bloquea hay algo positivo. Puede llegarse a la curación por que da tiempo para reflexionar y esto puede ayudar, pero no se puede garantizar.

d) - La primera condición debe ser la liberación con relación a la sexualidad. Se trata en efecto, de hacer cesar el hábito. Ello ha de ser fruto de un conjunto de modificaciones del individuo en un plan social, familiar, moral y religioso. A esa liberación de la sexualidad debe seguir como consecuencia lógica la capacidad de amar. Liberación significa sentirse libre para decidir por sí mismo lo que debe hacerse con la sexualidad, sin ejercitarla ni sacrificarla. Liberarse es la capacidad de salir del egocentrismo. Cuando no existe esta libe-ración se tiene la impresión de que ese amor es solamente teórico, como impuesto, amor artificial y no fruto de actitud interior.

e) - Si no se libera la sexualidad, hay disolución entre la afectividad y la voluntad. El acto de amor aparece como algo intelectual, así el ejercicio del amor viene a señalar la unión de la sexualidad y el amor, tanto en su actuación como en su represión.

13b - ¿Cuáles son los pasos principales que hay que dar?

a) - No es una dirección de análisis psicológico porque los padres o los maestros no son psicoanalistas. El psicoterapeuta tiende a captar la estructura inconsciente a través de la relación afectiva con el paciente. Por medio de la transferencia actúa sobre los elementos inconscientes, sueños, sentimientos, etc., y los interpreta.

El simple consejero actúa sobre elementos conscientes mediante el diálogo. Este diálogo existe siempre que se da una relación personal, lo que constituye una transferencia subjetiva.

El consejero debe saber esto. Cuando el paciente muestra afectividad es el momento para insinuarle cómo debe salir de sí mismo. La afectividad es el elemento positivo que le hace comprender cómo se debe actuar por amor, pues el amor no se entiende solo con la cabeza o solo con el corazón sino con todo el ser individual.

b) - La actitud del consejero en el plan dialogal es una actitud de observación y de aprecio. Debe llevar el control de todo lo que se hace y dice, pues de lo contrario puede caer en el juego del paciente.

c) - Todo el fundamento de esta dirección debe ser el respeto por la persona. El consejero debe creer en el sujeto y esperarlo todo de él. Ha de tener en cuenta que él viene para que le curen y no para curarse. (Es el paciente el que debe curarse a sí mismo). Por eso el consejero, progresivamente, insensiblemente, debe responsabilizar al sujeto. El sujeto no puede curarse si desde el principio el consejero no asumió todo el control y la responsabilidad del caso.

d) - Esta actitud del Consejero debe resumirse en lo siguiente:

I - El Consejero debe estar seguro de sí mismo, debe ser sereno ante el paciente, comprensivo, delicado. Debe asumir una actitud semejante a la del método terapéutico. No se hacen muchas preguntas. No se quieren cambiar enseguida todas las ideas del paciente ni se espera una inmediata conversión. Ni se comienza dando muchos consejos ni responsabilizarlo demasiado ni insistir demasiado en el arrepentimiento.

II - Ser prudente en dar interpretaciones. No se debe decir toda la verdad al paciente sino cuando ya está preparado. Adoptar una posición más bien silenciosa, de oyente. Hay que dejar hablar al paciente e interpretar lo que éste dice. Hay dirección pero insensible, a lo mejor, imperceptible.

III - Se pueden causar daños irreparables por una opinión falsa o un concepto errado tanto al paciente como a los padres y a quienes lo rodean.

IV - Circunstancias que se deberían tener en cuenta:

- Buscar un lugar reservado para la reunión.

- Clima de optimismo y energía.

- Enviar al médico en casos patológicos.

- Reuniones no demasiado frecuentes para no crear mucha angustia en el paciente. El masturbador tiende a exagerar su culpabilidad: obsesión de pecado, complejo de culpa.

- Revisar la responsabilidad del paciente. Revisar el automatismo y la angustia. Ambos disminuyen la libertad. La angustia hace difícil todos los momentos de la vivencia normal. Si es una angustia ante actum, todos los momentos están perturbados, aunque parezca que se da una elección libre.

Si hay duda, no debemos cargar enseguida con la responsabilidad sino reordenar la orientación personal del paciente, lo que nos inclina a pensar, que no se da un verdadero acto consciente y libre, dado que en esta masturbación neurótica, todo el mecanismo del masturbador está adaptado a paralizar el acto sin responsabilidad, sin libertad, sin voluntad.

Ni hay que decir que el sujeto hace aquello porque quiere. El no lo sabe. Es él, quien mueve el mecanismo para realizar el acto sin libertad porque lo hace inconscientemente.

La mayor parte de las creencias religiosas son portadoras de miedo y de complejo de culpabilidad. Hay que evitar estos traumatismos psíquicos. Es una doctrina mal orientada.

Hay que unir la sexualidad y el amor y ver en el sexo y en el amor algo creado por Dios para el bien del ser humano y de la comunidad humana.

Sin duda se debe crear la necesidad de lucha para

adquirir el equilibrio y el control de sí mismo. Toda educación supone una dosis de represión y por tanto el sacrificio y la negación de sí mismo. Una cosa es la estima de sí mismo y de su dignidad y otra el egoísmo.

e) - Aspectos curativos de la dirección:

I - Todo esfuerzo debe ir dirigido a conseguir la integración del ser humano. La disociación es la causa de la desviación. Continuamente deben integrarse, el sexo, el eros y el espíritu.

II - El primer objetivo es disminuir la angustia. Esto se logra solo en el hecho de escuchar y de entrar en relación con el paciente. Establecer comunicación empática.

III - Hay que ayudar para que el sujeto entienda su propia actitud sexual-existencial. Lo positivo de la relación hombre-mujer. Hay que modificar en el sujeto los malentendidos en esta materia.

IV - Hacer posible al sujeto el ejercicio de un amor personal. Esto varía en todas las personas: a unos se podrá facilitar una amistad, otros podrán participar en grupos, de acuerdo con su edad, a otros será fácil hacerlos participar en una comunidad, otros podrán descubrir sus aptitudes paternales o maternales.

En todo caso para que el sujeto pueda entender qué es el amor, debe ejercitarlo.

VIGESIMOSEGUNDA CONFERENCIA

II - LA HOMOSEXUALIDAD

1. La homosexualidad en general es la satisfacción sexual entre personas del mismo sexo. Es una elección sexual tipo narcisista.

Algo semejante a lo que ocurre en el enamoramiento obsesivo. Se ama uno a sí mismo más que a la persona a la que cree amar. El hombre tiene, pues, dos objetos sexuales: él mismo, y la mujer que lo nutre. La elección de objeto sexual que más tarde establece de manera definitiva, depende de las relaciones buenas o malas de la infancia. El desarrollo de los órganos femeninos en la mujer puede generar una hiperestimación sexual. Esto sucede particularmente en las mujeres bellas: nace complacencia por sí misma, compensada en la elección de objeto con las restricciones impuestas por la sociedad.

Tales mujeres solo se aman en realidad a sí mismas y con la misma intensidad y pasión con que el hombre las ama. No necesitan amar sino ser amadas y aceptan al hombre que acepta esta condición.

La mujer que se siente más conforme a la mujer que la nutre tendrá tendencias a sentir más placer en la compañía de otra mujer.

El hombre que se siente más conforme al hombre protector tendrá la tendencia a buscar su objeto sexual en otro hombre.

Hay científicos que hablan de una inversión congénita

y de una inversión adquirida. Cada día va tomando más fuerza esta hipótesis.

El biólogo molecular Dean Hamer ha escrito el libro Living with Our Genes (Double Day, 1997) graduado de Harvard, es un pionero en el campo de la psciología molecular. Los primeros descubrimientos en el campo de las conductas genéticas se publicaron en la revista Science en 1993. De acuerdo a Hamer y sus colegas la homosexualidad del macho está ligada estrechamente al DNA y al cromosoma que los hombres heredan de sus madres. Sin embargo no liga estrictamente a los genes la homosexualidad. Aunque Hamer especula sobre una versión de genes que pueden hacer una proteína que es menos eficiente para absorber la dopamina. Siendo que la dopamina es un químico que crea sensaciones de placer en respuesta a lo intenso de las experiencias, la gente que hereda este gene puede buscar el estímulo de su producción buscando determinado sexo.

La bisexualidad es la posibilidad de elección simultanea de objeto sexual masculino y de objeto sexual femenino. La realidad es que el ser humano no puede ser más que hombre o mujer. Sin embargo la experiencia nos demuestra casos en que los caracteres sexuales aparecen borrosos, dificultando la determinación del sexo en el terreno anatómico (hermafrodistismo). En algunos casos coexisten en el mismo individuo los órganos genitales de los dos sexos. Se da como hecho, que en todos los individuos hay una disposición bisexual original. Y además existe un hermafroditismo psíquico y anatómico.

No obstante, en la teoría del hermafroditismo psíquico, que supondría que el hombre sintiéndose mujer, se sentiría atraído hacia el hombre, es innegable que es del sexo masculino. Se llama sodomía, entre varones y safismo o lesbianismo, entre mujeres.

El ser humano tiende a realizar lo que le causa placer. Todavía hay mucha resistencia en la mayor parte de la sociedad a admitir la homosexualidad, a pesar del placer que causa, porque se cree que es voluntariamente escogida. Por lo tanto culpan al sujeto por hacer esta elección.

En la teoría psicoanalítica suponemos que el curso de los procesos anímicos es regulado automáticamente por el principio del placer; esto es, creemos con Freud, que dicho curso tiene su origen en una tensión desplaciente y emprende luego una dirección tal, que su último resultado coincide con una aminoración de dicha tensión y, por tanto, con un ahorro de displacer o una producción de placer (Introducción al Narcisismo).

"La vida erótica humana con sus diversas variantes en el hombre y en la mujer contempla el acceso al autoerotismo y al narcisismo. Estos dos están íntimamente relacionados. La libido del yo en el niño y el adolescente toma su objeto sexual u objetos sexuales en la experiencia de la satisfacción".

Ya sabemos que las primeras satisfacciones sexuales autoeróticas, son vividas en relación con funciones vitales destinadas a la conservación. Y los primeros objetos sexuales del niño son las personas a quienes se les ha encomendado su alimentación y su cuidado. Generalmente es la madre o quien hace sus funciones.

Cuando el desarrollo de la libido ha sufrido alguna perturbación (en este caso los homosexuales), no eligen su ulterior objeto erótico conforme a la imagen de la madre, sino a la de su propia persona. Demuestran buscarse a sí mismos con su propio Yo. Muchos invertidos masculinos conservan las características secundarias del sexo femenino. Además buscan en su objeto sexual rasgos psíquicos femeninos.

En la Antigua Grecia aparecen entre los homosexuales hombres de una máxima virilidad. Se ve claramente que no era el carácter masculino de los efebos, lo que los atraía, sino su proximidad física a la mujer. Por otra parte existió desde entonces cierta predilección por el hombre como ser completo en comparación con la mujer como ser incompleto (complejo de castración). Y se señaló a la mujer una función casi únicamente reproductora, nutricional y doméstica, la función materna, destinada exclusivamente al cuidado de los hijos. En cambio el hombre era digno de ser amado por su virilidad, su misión de dirigir la economía y el gobierno y por su inteligencia creadora. Casi no se conoce ninguna mujer célebre (con excepción de Cleopatra) más célebre por su belleza y arrogancia.

Las mujeres homosexuales activas, presentan con gran frecuencia caracteres somáticos y psíquicos masculinos. El fin sexual de los homosexuales no es siempre el mismo. Puede variar según las circunstancias y el sexo. Entre los hombres no siempre se supone "el coito per anum". A veces no pasa de ser una masturbación recíproca. Con las limitaciones del fin sexual que es la procreación, hasta la efusión sentimental, más frecuente que en la relación heterosexual.

Son más variados los fines sexuales de las lesbianas:

entre ellas parece ser preferido el contacto bucal, las mutuas caricias de los senos y algunas veces el contacto sexual tipo coito: la lesbiana activa hace de macho pretendiendo penetrar a la lesbiana pasiva.

2. De lo dicho anteriormente no pretendemos explicar la génesis de la homosexualidad. Pretendemos hacer algunas aproximaciones. Probablemente nos habíamos representado como demasiado íntima la conexión del instinto sexual con el objeto sexual. Debemos disociar en nuestras reflexiones el instinto del objeto.

Por ejemplo: es explicable la homosexualidad en un ambiente cerrado como un convento o una cárcel en las que hay solo hombres o solo mujeres. No es anormal que se produzca, es una mera compensación afectiva. No es raro que se produzca el enamoramiento entre personas del mismo sexo que se ven obligadas a convivir. En comunidad de hombres, se puede dar la sustitución del elemento femenino, con el elemento mas débil, pequeño o mejor parecido "tendencia subordinada".

No es extraño, por tanto, que el hombre adulto busque la sustitución de lo femenino en un hombre más joven. El mismo fenómeno ocurre en la mujer si está en una cárcel, en un internado o convento. Aquella mujer con características masculinas acentuadas puede inclinarse hacia la joven más profundamente femenina. Y viceversa.

Por otro lado, consideramos que la apertura a la sociedad es dolorosa y costosa: supone ruptura con el ambiente en que uno se mueve y supone abrirse a nuevas relaciones. Poco a poco el joven y la joven normal se van robusteciendo y acumulando fuerza para la ruptura con el período anterior. Y se alista para el período nuevo.

La persona débil, en cambio, siente enorme dolor en romper con el mundo de sus padres y de sus familiares y de sus amigos más cercanos y se siente impotente para abrirse al mundo del sexo opuesto que se le presenta como un misterio. Se hunde entonces en un complejo de inferioridad y no llega a la ruptura con los amigos de su propio sexo. Por causa de la inhibición en que todavía el instinto sexual se hace sentir imperioso, no se siente capaz de dar el salto hacia el otro sexo, se apoya en el propio como preparándose para la apertura del mundo femenino en el caso del varón o del mundo masculino en el caso de la mujer, apertura que quizás nunca llega.

Hay otros que no se casan porque no aciertan a separarse de la madre. Al nacer han roto el cordón umbilical que los ata a la madre pero son incapaces de romper el cordón umbilical psicológico. Esto hace parte de los homosexuales pasivos en los que se supone un grado mayor de complejo de inferioridad.

Pueden existir grados sexuales intermedios en los que la anomalía instintiva tiene su origen en una inclinación patológica endógena primaria (ausencia de suficientes hormonas masculinas) y en ellos se encuentran casi siempre signos físicos y fisiológicos que así lo demuestran.

En otros casos se ha adquirido en forma exógena (por extravío: pederastia o corrupción de menores, abuso sexual infantil), entonces puede ser aun posible restituir la orientación del instinto a su causa normal. Suelen ser bisexuales, y puede llegarse a una fijación por repetición de actos que crea costumbre.

3. Supervaloración del objeto sexual. La valorización psíquica que recae sobre el objeto sexual como fin del instinto sexual, no se limita más que en rarísimos casos a los genitales del mismo, sino que se extiende a todo el cuerpo y posee la tendencia a incluir todas las sensaciones emanadas del objeto. Esta supervaloración sexual es lo que tan mal tolera la limitación del fin sexual a la conjunción de los genitales y lo que ayuda a elevar a la categoría del fin sexual a actos en los que entran en juego otras partes del cuerpo.

Supervaloración sexual que es más fácil de estudiarse en el hombre que en la mujer, la cual por la cultura y los convencionalismos sociales es más insincera y cerrada.

Las otras partes del cuerpo que entran en juego, fuera de la unión misma de los genitales, es el empleo sexual de las mucosas bucales y labiales. Los besos en la boca son manifestaciones habituales tanto entre los amantes heterosexuales como entre los homosexuales.

Es más común que se usen los labios y la boca entre los homosexuales que el contacto de los genitales. Además es explicable, dado su carácter de impenetrabilidad en en el caso de las mujeres entre sí, lo mismo que el tocamiento de otras partes del cuerpo.

Hay algunas personas que se inhiben de usar la lengua o labios para tocar los genitales por existir repugnancias ancestrales que consideran esta práctica como perversa. Se han fijado también repugnancias por ser estos órganos por donde se expulsa la orina. Freud cita un ejemplo de repugnancia; individuo que besa con pasión los labios de una bella muchacha pero que no podrá usar sin repugnancia su cepillo de dientes (aunque su boca esté más sucia que la de ella). La repugnancia limita el fin sexual. Pero la atracción sexual, su fuerza instintiva lucha contra esta repugnancia.

Debido a estas repugnancias y a causas de orden cultural, el homosexualismo no prolifera ni se fomenta en países donde esta más acentuado el machismo como en Latinoamérica y en los países asiáticos. En estas culturas el empleo sexual del ano, es menos frecuente debido a la repugnancia que imprime a este fin sexual el carácter de perversión. Se funda esta repugnancia en que dicha parte del cuerpo sirve para la excreción. Aunque lo mismo puede decirse de los genitales masculinos y femeninos los que sirven para la expulsión de la orina.

El comercio anal es el más común entre los homosexuales masculinos. Pero la masturbación recíproca parece ser el fin sexual más frecuente de los invertidos en general.

4. Ciertas explicaciones sobre las causas de la homosexualidad.

I - Para algunos la homosexualidad es una anormalidad que tiene explicación en el complejo de inferioridad.

Ya vimos como el adolescente se siente a veces impotente para abrirse a nuevas relaciones y romper con el mundo de sus amigos del mismo sexo. Todo ese mundo del sexo opuesto se presenta como un gran misterio, se hunde entonces en un complejo de inferioridad y no llega a la ruptura con los amigos de su sexo. Y se queda allí en la fijación de su propio sexo como objeto sexual.

Para evitar el esfuerzo que supone la apertura al otro sexo se queda con los compañeros de su mismo sexo que son un sustituto de su instinto. De esta manera llega a justificar su preferencia sexual y se siente orgulloso de ello.

II - Inclinación patológica endógena primaria. Hay quienes afirman que la homosexualidad existe en grados sexuales intermedios en los que la anomalía instintiva tiene origen en la ausencia de suficientes hormonas masculinas, aunque los órganos genitales correspondan al macho. Se muestran sin embargo, signos físicos que demuestran su feminidad.

III - En otros casos, la homosexualidad se ha adquirido en forma exógena (por extravío), entonces puede ser posible la orientación normal del instinto.

Esto puede darse por abuso sexual en la infancia o en la adolescencia, por odio al padre de parte de la mujer o por odio a la madre de parte del hombre, porque no existieron buenas relaciones con sus respectivos progenitores. O a causas artificialmente creadas como las cárceles, donde la reunión de personas del mismo sexo en un largo período de tiempo hace que explote en enamoramiento por las personas del mismo sexo.

Conocí el caso de una mujer bastante atractiva que se casó con un hombre que a la postre le resultó homosexual. Ella se casó para huir de su padre que era alcohólico e intentó abusarla sexualmente. A ella le gustaba la conversación con hombres, pero rechazaba la relación amorosa, cualquiera que ella fuera. Es posible que esta persona que ha tenido conflictos en su relación heterosexual, adquiera una relación homosexual sustitutiva, ante los fracasos con los hombres: su padre y su marido.

Se da el caso de hombres que se casan porque tienen que seguir la costumbre y pueden hasta sentir un poco de atracción por la mujer. Pero poco a poco van perdiendo esa atracción por su esposa porque en realidad son homosexuales y no quieren ser reconocidos como tales. Yo tuve que ayudar a una señora que estaba en este caso y se disolvió su matrimonio (se había casado por lo católico) haciendo que la Iglesia lo declarara nulo. De esta manera pudo contraer nuevo matrimonio por lo católico como ella quería.

Esto de la homosexualidad es asunto muy controvertido y solo la mencionamos tangencialmente como algo que puede interferir en la relaciones heterosexuales del matrimonio. Es un fenómeno que se opone al amor procreacional.

Jesús Mario Murillo

VIGESIMOTERCERA CONFERENCIA

III - LA PROSTITUCIÓN

1. Todos hablan de ella como la profesión más vieja del mundo. Es un decir. Hubo otras primero, como los oficios de pastor y labrador que eran las profesiones de Abel y Caín respectivamente. La Biblia habla de Tamar, la prostituta que se le ofreció a Judá. Pero la prostitución es un nuevo paso hacia la evolución. En la prostitución no se da solo la sexualidad imaginaria, como en la masturbación, sino que se realiza con otra persona, ya sea del otro o del mismo sexo. Es sexualidad real pero anónima. No le interesa la otra persona como tal, porque es una relación transitoria. O si le interesa es solo mientras le produce placer.

El otro no es una persona que intenta comunicarse, sino una fisiología que procura descargarse. Se habla más de la mujer prostituta que del hombre prostituto, según las costumbres de esta sociedad. Lo que tiene que ver indudablemente con la situación de la mujer siempre en el segundo lugar con un hombre que controla todo y el machismo predominante. La mujer se dio a la prostitución primero que los hombres porque ellas eran las que quedaban en casa cuando el hombre se iba a las guerras frecuentes y a veces nunca regresaba. Siempre han muerto mas hombres que mujeres y por las estadísticas sabemos que en general el hombre se muere primero que la mujer. Por tanto muchas mujeres se quedan sin compañero. Es esta una de las principales causas de la prostitución. Pero en el pueblo de Israel hubo una más importante y era el deseo de la mujer de tener descendencia para no afrontar la vergüenza de la infertilidad. Pero más tarde en todos los países vienen unas razones muy variadas siendo la principal la pobreza, los problemas familiares, frustraciones, deseos insatisfechos, vicios, la droga, el alcohol, la represión.

2. La sexualidad madura no es anónima sino personalística y estable. La prostitución es fugitiva, no le interesa la persona concreta ni su nombre ni su historia, solo interesa su valor comercial, su físico, su tipo, su belleza, su atractivo, su juventud y la satisfacción física.

Es una etapa, según algunos llamados liberales, que marca verdadero progreso en el o en la joven porque los inicia en la técnica del acto sexual. En realidad lo que quieren decir es que la gente joven necesita disminuir esas tensiones teniendo experiencias sexuales prematrimoniales. Conlleva riesgos el llevar a cabo experiencias sexuales y especialmente con gentes de la calle dedicadas a la compraventa del sexo. En primer lugar se está usando y abusando a una persona a quien no amamos. Y en segundo lugar se está dejando parte de su propia vida sin intención de hacerse responsable de las consecuencias que pueden ser la producción de una nueva vida. Por otra parte se está exponiendo al contagio de una enfermedad si no se toman las precauciones.

Al usar la persona como una experiencia, contraria profundamente el respeto que debemos tener por la persona humana y su dignidad. Se llama "amor libre" pero en realidad no hay amor. Más bien se podría llamar "sexo libre".

El sexo libre que no es denigrante cuando parte de una

decisión libre de los dos. Cuando tanto el hombre como la mujer son suficientemente maduros y de común acuerdo aceptan responsablemente las consecuencias de la relación sexual.

No hay un real acuerdo como en el caso de una señora que tenía tres hijos y una hija. No quería la madre que sus hijos salieran a la calle a buscar prostitutas sino que favorecía la relación sexual de sus hijos con la muchacha del servicio. Cuántas injusticias cometidas contra las empleadas, como si fueran esclavas y objetos para el uso de los hombres de la casa. Qué pensaría la hija de esa madre que se prestaba al juego de una sociedad enferma para prostituir la dignidad de la mujer.

3. La prostitución es el estado de mujeres y de hombres que se dedican a complacer sexualmente a todo aquel que les paga, y convierten la fornicación en una profesión.

Se llama prostituta o prostituto a la mujer o al hombre, que en una forma más o menos continua entrega su cuerpo a cualquiera con miras a una recompensa.

Hay uniones matrimoniales que son una verdadera prostitución oficializada: uno de los cónyuges se casa por el dinero que tiene el otro. Ella o él se entregan no por amor sino por el interés. Estas uniones no duran. Son artificiales y problemáticas. Si se acaba el dinero, se acaba el "amor".

4. En la prostitución tenemos la sexualidad, que aunque proyectada al otro, está separada del amor. La mujer o el hombre no son más que instrumentos de placer sin que se reconozca al sujeto como persona.

Las personas se envilecen cuando se compran y se venden en una absurda e inhumana comercialización de los cuerpos. En el caso del hombre heterosexual busca en esa mujer la satisfacción de su tendencia universalista hacia el sexo femenino sin concretarse en una mujer especial con un amor singular.

¿Por qué la mujer se da más a la prostitución que el hombre? Rara vez la mujer busca esta profesión para buscar una satisfacción sexual. Casi siempre el motivo es económico y familiar. El abuso sexual o físico y la pobreza. Y el hecho de que esas mujeres han sido abusadas, violadas y comercializadas por explotadores.

La causa profunda de que haya clientela es la represión que todavía sufre una gran parte de la sociedad. Ya sabemos que la sexualidad tiende de suyo a proyectarse en el otro; aquí en la prostitución hay un otro, pero muy temporal y momentáneo. Porque muchas veces no existe ese otro en el matrimonio o en el noviazgo. A causa de la represión no se dan mutuamente toda la satisfacción que desearan. Por eso se buscan sustitutos. Esos sustitutos son las prostitutas o los prostitutos. Solo se necesita pagarlos.

No habría prostitución si no hubiera demanda. Y habrá más demanda mientras haya más represión, y cuando falta una buena relación con la esposa o con la amante. Todo depende del país y del tipo de sociedad que tengamos. En los países más cultos y desarrollados va disminuyendo un poco la prostitución sobretodo en aquellos en que se ha insinuado el socialismo. Hay menos prejuicios y por tanto menos represión. Hay más trabajo y por tanto menos necesidad de prostituirse.

En los países pobres tiene mucho que ver la represión y la pobreza, pero también la violencia doméstica. Casi siempre el primer paso hacia la prostitución en las jóvenes lo ha ocasionado los problemas familiares, maltrato de los padres o hermanos, abuso sexual, etc.

Hay muchas jovencitas que han tenido que huir de sus casas porque no resisten el ambiente de violencia que allí se vive. Quieren buscar una vida mejor y han caído en el vicio de la prostitución y del alcohol y de la droga.

Es común la trata de blancas. Son célebres en París en la Place de Clichy les petites poulettes, son jovencitas traídas de los campos mediante anuncios comerciales en los que se les ofrecen trabajos. Apenas llegan a la estación del tren (Gare Saint Lazare), son recibidas por las damas tratantes de blancas o por proxenetas para venderlas.

La continuidad de ese tipo de vida esta determinada por la formación recibida en el hogar y por la necesidad de sobrevivir. Por lo general la gente que se entrega a esta profesión no tiene otra opción, a no ser que se les presente un ángel que las salve.

"Aprovechando la tirantez económica de muchas jóvenes, predominantemente de las clases media y baja, los negociantes del sexo operan en formas astutamente sincronizadas a diferentes niveles, tales como la cadena de hombres y mujeres conocedores del negocio y dispersos en los pueblos, reclutando jóvenes insatisfechas en sus hogares e inexpertas, ante una sociedad podrida. Muchachas del servicio doméstico, recepcionistas de hoteles, madres solteras, etc. están expuestas a este vil comercio. En esta forma, una cadena de hombres y mujeres vagos, logran pingües entradas mediante el incremento organizado de la oferta y la demanda sexual del que la peor víctima es la mujer" (Segura, "La Prostitución en Colombia" 1979).

El comercio sexual incrementa el de los licores y el de las drogas, cosa que es otra de las lacras sociales de nuestra época. Sin embargo en los Estados Unidos, la prostitución es ilegal. Qué ironía! Es uno de los países donde más se comercia con el sexo. Recientemente se ha discutido mucho lo de quitarle el carácter de crimen a la prostitución. Es difícil. La gente aquí ha crecido con el convencimiento de que la prostitución es un acto criminal. Se cree que es un crimen sin víctima, aunque en realidad la víctima es la mujer.

Muy raras veces ellas se entregan a la prostitución por su propio gusto o inclinación (ninfomanía) o por obtener dinero fácil. La mayor parte son prostitutas por la represión social y la baja estima en que se tiene la mujer. Y el ambiente vicioso donde crecieron.

Puesta a la luz de una óptica fría e imparcial, la prostitución es un arreglo contractual en el que dos adultos se ponen de acuerdo en un precio por un intercambio de "servicios" sexuales que no violan aparentemente derechos de ninguno.

Algunas gentes creen que no se debe considerar como un crimen. Sin embargo rara vez el hombre es la víctima del arresto y a veces del maltrato de la policía, la mujer lo es casi siempre. Es ella la que es víctima del arresto y del maltrato de la policía y de los clientes.

Es la mujer la que es usada, y abusada y explotada, la que contrae enfermedades contagiosas y a veces mortales, la que tiene que hacerse cargo de eventuales hijos no queridos. Y el sistema legal, que es hecho por hombres, está en contra de ella.

Hay una ventaja en la legalización de la prostitución y es lo relacionado con la transmisión de enfermedades como el Sida. Si la prostitución se mantiene clandestina, y por tanto ilegal, es imposible controlarla. Estadísticamente, hay menos Sida y otras enfermedades venéreas en las países en que la prostitución es legal. La mujer pública debe exhibir un carnet de sanidad, el hombre por su parte debería usar un condón.

Es muy lamentable de todos modos que exista la prostitución porque no deja de ser una lacra de la sociedad y una deshumanización del sexo. El sexo se debe dar por conquista y de común acuerdo dictado por el respeto y el amor.

VIGESIMOCUARTA CONFERENCIA

EL AMOR LIBRE O LA UNIÓN LIBRE JUVENIL

1. La última etapa hacia la madurez sexual, es la unión libre juvenil. Supone una heterosexualidad de algún modo personal y permanente. Unión con persona concreta, con su nombre, sin tener mucha relación entre las familias de ellos entre sí, llevan sus vidas en la penumbra, como escondidas. Ambos saben que no durará. Podría llamarse también unión libre esporádica.

2. Según algunos psicólogos este período corresponde al momento en que el joven deja de sentirse atraído por la mujer abstracta para fijarse en una muy concreta de quien se enamora y se va a vivir con ella. Sin embargo, no quiere pasar inmediatamente al matrimonio, sino que quiere adquirir cierta experiencia, para luego poder elegir. A veces es convivencia que dura por mucho tiempo quizás hasta la muerte, sin realizarse nunca el matrimonio. O convivencia esporádica a veces interrumpida por varios lapsos de tiempo.

Hay una buena mayoría de jóvenes y adultos que están de acuerdo con estas experiencias prematrimoniales o que en absoluto admiten el matrimonio porque no se quieren sentir coaccionados para amar.

3. Hay peligro de que sea una utilización de la persona para hacer "ensayos". Ambos salen perjudicados pero especialmente la mujer. Se trata de una tendencia egoísta que desconoce la donación. La

donación en el amor verdadero debe ser total, no admite término medio: un amor por tiempo limitado no es amor personalístico, por eso la unión libre con su limitación de tiempo y de donación, no pasa de ser una sexualidad egoísta. Ordinariamente quienes han vivido estas etapas son incapaces de llegar a un verdadero matrimonio. Son "niños terribles".

La mutua donación del amor debe tender a hacer feliz al ser amado y ambos serán felices si ambos se entregan con las responsabilidades y la continuidad que implica el amor. Pero si no, serán desgraciados; es mas fácil hacer desgraciada a una persona que hacerla feliz.

4. Para el noviazgo: es difícil encontrar a la mujer ideal, como es difícil encontrar al hombre ideal. El amor a primera vista es engañoso, no es de fiarse. Las personas en las visitas no son espontáneas, muchas veces fingen, esconden su verdadera personalidad. Conocerse, aun a medias es difícil. Sería conveniente vivir algún tiempo u ocasiones especiales juntos, en reunión de familia, ver cómo son las relaciones con sus respectivas familias.

Cómo se comportan en la intimidad, ellos entre sí, con las personas de su propia confianza. Poco a poco, con el tiempo y con inteligencia y sabiduría van conociéndose y pueden llegar a la conclusión de que son en verdad el uno es para el otro.

"Los que se casan están obligados a hablarse durante el resto de su vida", Nietzsche. Cuando yo observo las gentes y veo parejas que se hablan animadamente es porque son novios. Cuando no se hablan es porque ya se casaron. Muchos casados ya no tienen temas para dialogar. Y tal vez, si acaso se hablan, es para pelearse.

CONCLUSION.

Pareciera pesimista el panorama que vemos en la juventud y eso que no hemos profundizado en las muchas desviaciones del amor. Sin embargo yo soy optimista: todas las cabezas de familia, los padres y madres, los educadores, consejeros, sacerdotes, etc. debemos trabajar con ahínco para educar y orientar hacia el amor.

No debemos ir prevenidos y creer que la juventud está irremisiblemente perdida. Así será más difícil nuestro trabajo. Sabemos que hay un esfuerzo grande de nuestra sociedad de consumo por fomentar la idolatría del sexo, su comercialización, la pornografía, como un mecanismo satánico de desviación y de huida de los auténticos problemas humanos de opresión y de injusticia. A la juventud se le da sexo en cantidad como técnica de huida de la realidad.

Ahora se habla de SEXO NO. La Sociedad y los gobiernos han tomado cartas en el asunto, el sexo no es algo privado, todo el mundo se ve afectado por las relaciones sexuales que se ejercen de manera irresponsable. No solo la proliferación de hijos desatendidos, sin la debida educación sino las mortales enfermedades que se originan. Debemos reconocer con esperanza que quizás nunca como hoy haya habido unas minorías tan selectas que presentan un testimonio de entrega y compromiso y afrontan valerosamente el riesgo que supone la lucha por un mundo mejor. Mi hija de 16 años decía: Hay centenares de jóvenes como yo que son aptas para tener hijos, pero ninguna está preparada para ser madre. La gran falla de la sociedad es que la gente no se prepara para ser padres y madres. Ellos, los padres, tienen que ser los primeros educadores de sus hijos. Pero casi todo el mundo improvisa. Se necesita licencia para conducir y para ejercer todas las profesiones menos para la fundamental que es la ser padres de familia.

Gracias a Dios hay ya muchos jóvenes de 24 y 25 y hasta de menos años, que piensan. No quieren caer en la tentación de un sexualismo libertino y orgiástico.

VIGESIMOQUINTA CONFERENCIA

ALGUNOS ASPECTOS DE LA PSICOLOGÍA DIFERENCIAL

ARTÍCULO I - IMPORTANCIA GENERAL

1. Aunque el amor sea esencialmente una mutua donación, sin embargo está lejos de ser una realidad homogénea. Hay grandes diferencias en la manera de darse. Hay diferencias históricas, sociales, profesionales, religiosas y sexuales. Esta última es la más importante en la que encontramos la principal diferencia: el hombre y la mujer son como el objeto primario de la relación amorosa.

2. ¿Por qué esta diferencia entre hombre y mujer? ¿Por qué diferencia bisexual y no cuatrisexual? Es cuestión nueva que los antiguos no se planteaban. Plat lo explica a base de leyes genéticas: la variedad solo es posible porque se da una bisexualidad en la generación. Si la multiplicación se diera por parte no genética, se daría una completa monotonía, perjudicaría a la conservación de la especie. La variedad permite diversidad de reacción. La sexualidad mira a la reproducción y la bisexualidad mira a la buena reproducción y conservación de la especie.

3. Motivos para una psicología diferencial. Los estudios de psicología diferencial se iniciaron a finales del siglo pasado con la promoción (emancipación) de la mujer. A buena hora surgió este movimiento. Los varones se preocuparon de que la

mujer quería invadir el campo masculino y anular las diferencias sexuales, al menos en el campo profesional. Al principio hubo cierta agresividad de parte de las feministas. Era necesaria para romper ese mito monolítico de la superioridad masculina. Ahora esa agresividad es más objetiva y desapasionada. Todos admiten la intervención femenina en la vida pública, pero afirman que no debe ser una intervención indiscriminada, simple imitación del hombre, sino una intervención en cuanto es mujer, con sus cualidades propias de mujer. Se trata de la plenitud de derechos de la mujer y no de que la mujer se vuelva hombre. Por esto, es preciso conocer la psicología diferencial.

4. Diferencia psicológica-sexual entre hombre y mujer.

a) Esta diferencia es complementaria. En el siglo pasado había la tendencia a probar científicamente la superioridad biológica del hombre, o de la mujer, según los gustos. Unos daban superioridad a la mujer: la mujer es el tipo primario, el hombre tipo derivado. Esto es cierto: lo demuestra la evolución del hombre en el que encontramos algo de niño y niña. Mayor fortaleza del tipo primario: explica superioridad numérica femenina y cómo superan mejor las dificultades biológicas. Otros afirman que el hombre es superior, es el sexo fuerte, la mujer es algo diferenciado, informe, primitivo, sexo débil. El hombre es el tipo que representa la evolución perfecta.

Las cualidades eran estas:

Hombre = cabeza, abstracción, análisis.

Mujer = corazón, intuición, síntesis.

Jesús Mario Murillo

Diremos que ambas tendencias carecen de fundamento serio.

Hombre y mujer presentan en lo psicológico y en lo biológico diferencias que son siempre complementarias.

El uno necesita del otro y se complementan mutuamente en cuanto al dominio del mundo. El hombre no puede dominar el mundo sin la mujer, como lo dice la Biblia. Esta psicología diferencial supone unidad fundamental y diferencias accidentales.

Las cualidades psíquicas dependen de las somáticas, con mayor razón si se trata del sexo.

No hay escuela que admita diferencias sustanciales entre las almas; habrían sido creadas diversas en vista de los cuerpos. Esto no puede afirmarse hablando de las cualidades del sexo. Las almas son asexuadas. Pero informan un cuerpo que es masculino o femenino. Según Steinach, el hombre ha nacido para el trabajo, la mujer para la maternidad: polo de actividad y zona de afectividad y emotividad respectivamente.

No se ha escrito suficiente del psiquismo femenino ni del psiquismo masculino. Hay algunas constantes o características generales, pero no siempre se dan en todos los tipos (Ver Roldan "Introducción a la Ascética Diferencial"):

Hombre (tipo medio)	Mujer (tipo medio)
Orientación	
- Se orienta hacia el futuro	-Hacia el presente o futuro inmediato

- Objetivos amplios	- Objetivos casi solo familiars
- Objetivos casi solo familiares	- Orientación alocéntrica
- Discurso lógico abstracto	- Intuición emocional (corazonadas)
- Inteligencia y demostrativo	- Tendencia a lo concreto
- Frió, sereno. Matiza opiniones	- Juicio apasionado. Piensa con corazón

Cerebro

- Leyes sin excepciones	- Simplismo. Busca excepción a la ley
- Capacidad creadora, organizadora	- Capacidad reproductiva

Conservadurismo menos en las modas

- Mas fuerza de convicción	- Mas credulidad y fe
- Voluntad	
- Personalidad más independiente	- Dependencia respecto al varón
- Mas tesón, resolución en el querer ·	Veleidad unas veces, obstinació otras
- Capacidad de mando	· Pocas cualidades de mando (por parcialidad y emotividad)
- Aptitud para la empresa y la	- Pocas cualidades de empresa
Aventura, economía, ciencia, milicia	- Indecisión, dudas, volubilidad
- Espíritu de progreso rápido y firme	- Espíritu de progreso como sea

AFECTIVIDAD

Hombre	Mujer
- Intensidad moderada del amor	Intermitencias Intensidad continuidad
· En la vida sexual es en general elemento activo. Domina lo sensual, amor no muy profundo.	ε- Es el elemento pasivo. Espiritua activ su amor es más profundo
- Predilección por lo verdadero	- Predilección por lo bueno y lo bello
- Pasión por la naturaleza y por cosas que afectan a la humanidad	- Pasión por las personas y las cosas de su hogar y su familia.
- Poca capacidad de compasión	- Gran capacidad de compasión. Propensión al perdón
- Sentimiento de venganza. Felicidad insatisfecha	- Capacidad de satisfacer felicidad
- Poca preocupación por acicalarse y parecer bien	- Se extrema en detalles de tocador y parecer bien en la mayoría.

b) Unidad psicológica sexual fundamental: unidad fundamental en el orden anatómico-psicológico (la dignidad de la persona humana). Algunos hablan de un hermafroditismo normal. Fisiológicamente el feto no es indiferente para ser de un sexo o de otro.

El feto ya desde el primer momento está predeterminado. Pero no hay predomino en los inicios. Después de una semana toman mayores incrementos los signos del sexo. También se habla de hermafroditismo psíquico. Yung habla de animus y anima. El daba un elenco de cualidades de hombre y de mujer, cualidades que se hacen sentir mutuamente. Otros no admiten que haya cualidades exclusivas de cada sexo. Según ellas las cualidades son las mismas y comunes. Solo que el hombre de una manera y la mujer de otra.

Siempre podremos hablar de un modo existencial de los diversos modos de vivir cualidades masculinas o femeninas, lo que nos permite hablar de complemento entre lo eterno masculino y lo eterno femenino.

c) No obstante la unidad fundamental, encontramos diferencias sexuales y afectivas entre el hombre y la mujer, que en parte son innatas y en parte son adquiridas.

En el Hombre: en condiciones normales el acto sexual se repite invariablemente a la manera de un cliché; la excitación genésica conduce a la realización de la voluptuosidad definitiva, el orgasmo. (Cf. Lamare). Tanto el deseo como el orgasmo son de una modalidad totalmente refleja. Impulso sexual muy condicionado por la reflexión de las vesículas seminales, mientras que el orgasmo por otra parte, consiste en la expulsión de este contenido seminal, expulsión que coincide con una liberación de energía neuromuscular, acumulada en el curso de la excitación. El acto no se puede repetir hasta que las vesículas seminales se hayan llenado de nuevo, y así haya nueva reserva neuromuscular. Requiere tiempo más o menos largo, tres o cuatro horas según los sujetos.

En la Mujer. En ella el sexo no es un cliché impersonal, sino un acto que presenta modos de realización muy variados, no tan solo de una mujer a otra sino con frecuencia en la misma.

El orgasmo para la mujer no consiste en un reflejo sino en la culminación ideal de una excitación cuyo punto de partida es casi totalmente psíquico y no groseramente orgánico como en el hombre. El orgasmo femenino no corresponde a la liberación del contenido de una víscera que la distiende, sino que consiste en una descarga psico-neuromuscular.

Puede producirse antes, durante o después de la eyaculación del varón, y sus características le permiten que pueda repetirse varias veces en el curso del mismo estado amoroso.

Los componentes físicos tienen importancia primordial, al contrario del hombre, en la elaboración íntima del impulso carnal, el que de esta manera se convierte en el deseo amoroso, resultado de las múltiples impresiones profundamente emotivas de un alma y un corazón: realización suprema, aureoloda por la belleza y nobleza de la espiritualidad de la mujer.

Por eso la detumescencia femenina es casi tan lenta como la tumescencia, pues en la mujer se da la acumulación de energías neurosíquica, que tardará tanto en disiparse como lo ha hecho en constituirse y que pone en disposición su organismo en su totalidad. Si falta un compromiso psíquico el orgasmo no se da. No basta el impulso sexual puro.

ARTÍCULO II CONCLUSIONES

1. En el hombre la sexualidad se manifiesta de manera espontánea; es activo. No necesita estímulo interno.

En la mujer, la sexualidad duerme, pudiéramos decir, hasta la llegada del príncipe. Esta es una leyenda. Sin embargo que la sexualidad existe en la mujer pero en estado soporífero, hasta que el hombre toma la iniciativa, es algo comprobado en la mayoría de las mujeres.

En el hombre desde el principio de la adolescencia, la sexualidad es espontánea y se manifiesta de manera explícita, no confusa; tal tensión tiende naturalmente al acto sexual.

En la mujer no se manifiesta espontánea sino mediante un estímulo externo, no explícita y clara como una tensión sexual sino como un sentimiento vago, impresión de tipo afectivo, no precisa, no localizada en un órgano, sino difusa en todo el cuerpo. No tiende a satisfacerse en el acto sexual.

2. Veamos comparativamente las diferencias psico-biológicas sexuales entre hombre y mujer, precisamente en el acto sexual:

En el hombre, como hecho biológico. Ama con la medula espinal, centro en que se reflejan incitaciones orgánicas precisas y netamente localizadas, las que constituyen elemento original y básico de su impulso. El acto determinado sexual concibe el amor como tendencia imperiosa a calmar necesidad orgánica. Sexualidad local: tiende al acto y a quedar satisfecho. Carácter bestial y fugitivo. Este acto no afecta a toda su vida humana. Es casi una actividad de tantas.	**En la mujer,** como hecho psicológico. Ama con su corazón, con su espíritu, imaginación, ternura, admiración por el ser amado. Acto de afecto hipersensible. Elementos fisiológicos participan en la realización normal del impulso, pero están en segundo plano. Sensibilidad sexual y orgánica muy difusa; la mujer hace donación de su alma, de su conciencia y de su carne. Por eso da tanta importancia a las cosas del amor, las rodea de aureola idealista. La mujer sublima su condición humana.

3. De todo lo anterior podemos concluir:

a) Para la mujer es más fácil la práctica de la continencia periódica. Su sexualidad no tiende al acto. No pasa lo mismo con el hombre. Su sexualidad tiende a satisfacerse en el acto. Es un dato importante de tener en cuenta en la solución de los problemas.

b) En cuanto a las relaciones matrimoniales, uno y otra deben conocerse mutuamente en el orden psicológico para una mejor comprensión. El comportamiento agresivo del esposo para la consumación del acto, será fatal; la mujer se creerá agredida o violada. ¿Técnica del amor o ascesis matrimonial?

c) Además nos encontramos con dos graves problemas:

- En cuanto a la masturbación femenina. En la mujer casi no se da. Se daría únicamente si se trata de perversiones o regresiones. Sin embargo, puede comenzar a darse si hay desarmonía sexual con el esposo.

- Unión libre. Esta unión está en oposición con la psicología humana. En su evolución, hombre y mujer tienden al amor personalístico y definitivo. Sin embargo el hombre siempre hace abstracción y disminuye su donación en el tiempo y en sí mismo. La mujer, en cambio, dada su psicología mucho más sintética es incapaz de llegar a esta abstracción. Así la unión libre es mucho más opuesta a la mujer que al hombre.

La mujer se da con más totalidad, su compromiso es mucho más completo, desde este punto de vista psicológico y desde el punto de vista biológico. Ella une la carga de la pérdida de su virginidad con la del probable fruto de esta unión. La mujer en este caso de la unión libre siempre obra contra su voluntad profunda. Muchas veces lo desea o acepta por debilidad. La unión libre siempre es una degradación para ella.

La mujer necesita de matrimonio, necesita permanencia, continuidad afectiva, más que el hombre. Esta necesidad es una exigencia de su psicología. No es solo aquello de buscar a alguien que la mantenga. El hombre puede más fácilmente convertirse, (en el sentido de volverse a Dios) aunque haya sido un gran pecador, la mujer, no. Y esto se debe a que en el hombre la sexualidad ocupa tan solo una parte, en cambio, en la mujer, la sexualidad (la afectividad) lo domina todo y parece que impresionara todo su ser.

VIGESIMOSEXTA CONFERENCIA

LA PSICOLOGÍA SOCIAL Y EL AMOR

ARTÍCULO I EXPLICACIÓN INTRODUCTORIA

1. Cuando tratamos de determinar la psicología masculina en orden a la sexualidad, hemos de pararnos a considerar la existencia del ser humano. Es decir, que no se dan cualidades exclusivas y propias masculinas o femeninas, sino que nos encontramos con una manera existencial de vivir la vida.

2. La existencia femenina aparecía como una materia sólida, compacta, fecunda, madre en potencia. La masculina, en cambio, aparecía más volátil, flexible, más intelectivo y en esto, más espiritual. El espíritu no es fecundo, sino que es creativo, productivo, produce fuera de sí, mientras que la madre crea en sí. De aquí que la mujer sea maternal, su propósito número uno es crear en sí, mientras que el hombre es mercante. La mujer se identifica con las cosas, se comunica con las cosas, participa en la existencia de las cosas, mientras que el hombre apenas mantiene relaciones con las cosas. La mujer crea por comunicación vital, el hombre produce por la técnica (por eso el hombre ve mejor las relaciones de medio a fin), no se identifica con las cosas o las personas. La mujer vive más una existencia Mítica. (La educación precultural era más femenina). Había más confusión entre el ego-tú-mundo; confusión entre pasado y futuro, entre sueño y realidad y entre causa y efecto: es un período en que todavía no se ha afirmado lo individual.

Luego llegó la cultura: la actividad masculina halla una gran diferenciación entre el ego, el tú y el mundo. La mujer está en las cosas, carece de programa. El hombre es el que traza su programa.

3. El hombre ha vivido siempre en sociedad y el amor es social. El amor siempre ha sido hacia otra persona, nunca solitario. El amor es una relación personal. Ese hacia, indica la apertura del amor, una apertura que en el comienzo era natural (espontánea, instintiva) más bien que consciente. El hombre en el mundo primitivo (como pasa en la infancia) no conocía al hombre como otro. Veía al hombre en el mundo como un todo, mientras que conocer al hombre, es verlo separado, aislado, distinto de sí mismo y del mundo.

En el Budismo, la persona no debe acentuar su personalidad, sino debe volver a confundirse con la totalidad. Luego, la nada. Ni aun los Griegos, poseyendo una filosofía cosmológica, poseían una concepción totalitaria de la persona. Solo en la revelación bíblica histórico-personalística, tiene lugar una consideración de unidad ontológica y de relación comunitaria de la persona, porque tenemos un programa de salvación que debe realizar cada uno y en la comunidad, un programa que se desarrolla históricamente y cuyos hechos no se repiten.

El Cristianismo establece esta conclusión de la personalidad, solo virtualmente, porque la revelación bíblica veterotestamentaria es teocéntrica. Dios aparece siempre como primer actor. El hombre es la causa segunda; ciertamente causa, segunda, en segundo plano.

4. La persona humana llega a ocupar el centro de la investigación en el humanismo. Toda la cultura es

egocéntrica hasta el siglo XIX:

Descartes: Ego cogitans (yo pensante), "Pienso, luego existo".

Los Ingleses: Ego empiricus (el yo empírico).
Kant: Ego volitivus, voluntas moralis (el yo volitivo)
Unamuno: Ego creator realitatis (el yo creador de la realidad).

El "Yo" aparece como centro del mundo. Se enfatiza la inmanencia del hombre. Y este Yo ve al Tu como la prolongación del Yo. Busca su propia felicidad, se ama a sí mismo en el otro.

Ve al otro pero no lo ama; más aun, quiere servirse de él para su distracción, para su propio provecho, para el placer, para la técnica. No tiende a formar con él un NOS.

Así surge la técnica de la máquina. Esto ha constituido situaciones explosivas en:

Relaciones Familiares - Relaciones Nacionales - Relaciones raciales (negros, indios) -

Relaciones Clasistas (RICOS, pobres).

La técnica ha afirmado el Yo y no el Nosotros. Por eso se hace tan imperiosa la necesidad del encuentro del Yo y el Tú. Es decir, la segunda dimensión humana, la trascendencia, su relación personal con el otro.

1.   Parece que nuestros tiempos han redescubierto el nos, por lo menos en muchos casos a nivel teórico solamente. Se ha insistido mucho en el sentido comunitario, tanto en el ámbito religioso, como a nivel de grupos políticos. La sociedad de los siglos XVII y XVIII, fue una agregación matemática de "yoes", sociedad inhumana, una yuxtaposición de

egoísmos. Hoy deseamos relaciones humanas fundadas nosobre la sociedad mercantilista en que vivimos sino sobre la comunidad. El fundamento de la comunidad es la persona.

2.   En este ambiente hemos de colocar la psicología social. Hay un psicologismo masivo que no ve al individuo y un psicologismo individual (Jean Paul Sartre) que no ve lo comunitario. Existe el yo y lo demás no importa. La psicología social afirma que es necesaria la personalidad para lograr el nos, que la verdadera persona se forma en la comunidad, en el contacto personalístico con las otras personas. No es adición de yoes, sino de personas concretas como Beatriz, Pedro, etc.

ARTÍCULO II - APLICACIÓN DE LA PSICOLOGÍA SOCIAL EN EL NOVIAZGO

1. Según lo visto hasta aquí, debemos tener en cuenta el fenómeno de división de clases que existe en nuestro medio social y el planteamiento de la lucha de clases (lucha de contrarios) que cada vez se deja ver de manera más patente, a medida que aumentan las contradicciones y aumenta la conciencia de explotación en las clases dominadas. Parece que estos fenómenos de politización y por ende de opciones tomadas en favor o en contra de los oprimidos no tuviera que ver nada con el noviazgo.

Pero dado que esta es una relación humana y por tanto política, que fundamenta luego la formación de la familia, tiene importancia básica, en la complementación de hombre y mujer. Las relaciones humanas tienen marcado sentido político y se ven interferidas por la extracción de clase.

2. La miseria provocada por la injusticia social revelan una situación de pecado en la sociedad, es la quiebra de la fraternidad y de la comunión; se hace imposible el amor, incluso del noviazgo, porque todo lo condiciona lo económico.

Las relaciones matrimoniales en buena parte se sostienen en una aparente armonía solamente por el vínculo económico y lo mismo pasa con las relaciones de familia. Al liberarnos del pecado, Jesús ataca la raíz misma de un orden injusto, que hace muchas veces imposible la comprensión entre los esposos, especialmente si uno de ellos tiene conciencia de la opresión en que viven millones de seres humanos y el otro no, sino que quizá esté en búsqueda de instalarse entre los opresores.

3. El fenómeno de la politización va totalizando cada vez más a la persona, en lo religioso, en lo educativo e incluso en lo afectivo. La perspectiva de un mundo mejor, lejos de hacer del luchador político un soñador, radicaliza su compromiso y le ayuda a que su obra no traicione su propósito, su voluntad de lograr un encuentro real entre los hombres en el seno de una sociedad libre y sin desigualdades sociales. "Solo la utopía, escribe P. Ricoeur, puede dar a la acción económica, social y política un enfoque humano". (La utopía es la búsqueda de un mundo comunitario).

El matrimonio debe ser también un signo de liberación del ser humano y de la historia, debe ser en su existencia concreta un lugar de liberación. Porque el matrimonio funda la pequeña Iglesia doméstica y es también sacramento de la unidad y salvación de la humanidad, en la convicción de que su único apoyo debe ser la Palabra que libera.

4. La diferencia de clase social puede ser un obstáculo serio para las relaciones matrimoniales. En el noviazgo se deben superar las múltiples dificultades y los complejos creados por la división de clases sociales. Muchos matrimonios han fracasado porque no se ha superado esa discriminación que surge de las clases. Pesa mucho la conciencia de clase en las relaciones humanas. No aconsejo matrimonios entre sujetos de diferente rango social aunque en el noviazgo hayan llegado a toda clase de acuerdos. La familia no ha entrado en el acuerdo y fácilmente se entrometen en la relaciones de la pareja hasta procurar el fracaso de la relación. Tendría que ser un amor muy consciente, a toda prueba entre personas maduras, politizadas, que puedan enfrentar los embates de la sociedad clasista.

Jesús Mario Murillo

VIGESIMOSEPTIMA CONFERENCIA

ARTÍCULO III LAS RELACIONES ENTRE EL "TÚ" Y EL "YO"

1. En la familia primitiva no había problema, porque la mujer no se consideraba como tú.

Solo el Cristianismo descubre a la mujer como persona (aunque todavía muy subordinada al hombre). Aquí surge el problema: cuáles son las relaciones entre el yo y el tú. Hoy tiene la mujer, al menos teóricamente y cada vez más en la práctica, una personalidad definida en la familia, se trata de un amor más profundo.

Los problemas están estudiados por la Psicología Social orientada hacia el amor:

a) ¿Qué ve el yo con relación al tú? Ordinariamente el yo, cuando se descubre desempeñando un papel social, trata de presentarse según lo que el tu espera del yo, y no según la propia personalidad (si la novia espera que el novio sea rico, de alta posición social, que consiga puestos honoríficos, etc.). Cuando la personalidad no es muy potente, el rol social es importantísimo. El rol social es nulo si la personalidad es recia. Hay conflictos familiares cuando el hombre dominado por complejo de inferioridad, quiere liberarse de la personalidad prepotente de la esposa. Y viceversa.

b) El yo, como máscara. En este caso el yo no se convierte en aquello que desea el tú, si no en aquello que el mismo yo quiere aparentar ante el tú, pero que en realidad no quiere ser o hacer. Por ejemplo, va a misa y quizás comulga con la mujer, pero en realidad no quiere. Le lleva la cuerda también en sus preocupaciones sociales, etc. Se trata de un problema más grave que el anterior. Es una comunidad familiar frívola basada en la hipocresía, algo completamente artificial.

c) El yo se presenta como el ideal del yo. Es decir, el yo se presenta ante el tu, no como es en realidad sino tal cual quisiera ser: La novia es inteligente y el novio no. Este se esfuerza por serlo. Hemos de hacer notar que aquí el querer convertir en realidad ese yo ideal que se ha forjado en su mente, es un ideal personal del interesado y no un ideal de la mujer como ocurría en el rol social. Bellísimo cuando llega a ser comunitario.

d) El yo se presenta al tu como es en realidad. Es el yo real. Hoy en general los jóvenes son mas realistas que en tiempos pasados. Con mucha frecuencia se proponen un examen mutuo sobre la autenticidad de su amor. El peligro está en creer que todo esta arreglado con esta claridad y sinceridad. Es la influencia de un falso psicoanálisis. Pero cuando se aceptan tal como son después del estudio previo del noviazgo, y se casan, es decir, se complementan el uno con el otro, se da una unión verdadera del yo y el tú en el nosotros de la comunidad de amor. Es necesario recordar como en nuestros pueblos precolombinos, el comunitarismo era la forma regular de vivir nuestros nativos, en donde no existían las vallas de la propiedad privada y en cuya sociedad no existían las clases sociales que crean divisiones no solo entre las masas de la población sino también en la familia.

Al presente nuestras familias están ligadas únicamente por el vínculo económico: se da una cierta dependencia generalmente de la esposa por parte del esposo y de los hijos que están dependiendo, hasta bien entrada la juventud, del dinero de sus padres. Muchas veces no los une el amor.

Qué difícil crear una sociedad en la que el valor económico no sea el único vínculo de estar unidos. Lo económico es también el factor más grande de división. Donde se interpone el dinero se destruye la fraternidad. Sigue siendo en nuestra sociedad de consumo más importante el objeto que el sujeto y las cosas más importantes que las personas. El mandato del Señor es construir una sociedad donde sea posible el amor.

2. Las uniones entre personas de medios geográficos, culturales o profesionales muy diferentes, se multiplican cada día más, gracias al aumento incesante de las comunicaciones. Todos los países se acercan entre sí por toda clase de relaciones y de intercambios comerciales y culturales. Casi nunca como ahora se dan inmigraciones masivas.

En nuestros campos, por ejemplo, los jóvenes campesinos que antes solo se casaban con muchachas pertenecientes solamente a su casta, a su misma familia y a sus tradiciones, se unen ahora con bastante frecuencia con gentes de la ciudad. Los campesinos inmigran a la ciudad por distintas causas, una porque quieren aprender nuevas técnicas y gozar de las comodidades de la civilización y otras porque son desplazados por la violencia como en muchas regiones de Latinoamérica y de África. La identidad del medio social parece una de las condiciones centrales de la felicidad conyugal. Sin embargo, mientras más se libere el hombre de los complejos de clase, más comunes serán los matrimonios entre personas de diferentes profesiones y clases sociales.

3. Cuando una mujer o un hombre entran por el matrimonio en un medio superior o simplemente diferente al suyo, es preciso que entren subiendo (hoy día se piensa que se puede entrar a todas partes a pie llano) y que suplan con su poder de amor y adaptación la comunión espontánea que resulta de la identidad del medio. "Un príncipe solo puede desposarse acertadamente con una pastora si la pastora posee un alma de príncipe", dice Gustavo Thibon.

4. En una unión entre individuos del mismo medio, del mismo país, los hábitos, las necesidades comunes, todo ese complejo de elementos biopsicológicos que constituye lo que se llama genéricamente las costumbres, contribuye a cimentar la armonía.

5. En caso contrario todo el peso del pasado de los esposos contribuye a desunirlos. Por eso quiero insistir en afirmar que el amor es la aceptación mutua, aceptación de las personas tal como son, incondicionalmente. A pesar de eso, los esposos se verán con frecuencia en dificultades por el hecho de haber sido modelados en diferente clima social. Vencer estas dificultades es propio de grandes caracteres y de cambio interior donde se borren las discriminaciones y se viva fuerte el sentido que Cristo quiso dar a la vida del hombre: amor a toda la familia humana.

VIGESIMOCTAVA CONFERENCIA

EL MATRIMONIO Y EL DISCÍPULO DE CRISTO

Vamos a considerar lo que llamaríamos las relaciones previas al matrimonio, la etapa del conocimiento, el noviazgo, o etapa más próxima al compromiso matrimonial y el pacto propiamente dicho. Aquí ubicamos el inicio del matrimonio como comunidad de amor, comunidad de vida y comunidad de salvación.

I - MATRIMONIO, COMUNIDAD DE AMOR.

I) Comunidad que comienza con el noviazgo.

1. Apertura del ser humano al otro. Todo ser es abierto al otro. El ser humano tiende a amar y ser amado. Hay Que distinguir el amor propiamente dicho de la amistad. El amor de por sí tiende en último término a una relación personal que busca su plenitud en la unión sexual, unión ratificada por el vínculo matrimonial.

a) Lo material, aquello que no tiene interioridad ni misterio personal alguno, se entrega a la investigación humana, a descubrimientos, a encuentros.

b) Lo espiritual posee, o es un misterio. Estos misterios son accesibles a los demás en tanto en cuanto se abren y se manifiestan y se comunican unos a otros.

c) Lo humano, participa de lo material y de lo espiritual. Su misterio personal se revela a través de su corporeidad; por la corporeidad se establece cada relación humana, pero el cuerpo se manifiesta y a la vez oculta la interioridad. Mientras menos libres seamos para abrirnos nos poseeremos menos plenamente.

Por razón del cuerpo somos abiertos, accesibles a los demás, pero nos manifestamos solo en libertad; para manifestarse a otro no valen solo las manifestaciones corpóreas del otro. El ser perceptible a los sentidos me hace presente a los demás y a mi mismo. De manera que el conocimiento inicial es básicamente sensorial. Conocen que yo existo a través de mi cuerpo, de mi voz, de mis manifestaciones externas. Yo conozco a las personas porque las puedo ver, palpar, oír. De modo que el cuerpo tiene que ver profundamente en el inicio de mi relación.

2. El noviazgo.

Según lo anterior, podemos decir que el noviazgo es el tiempo precioso que tienen dos seres para revelarse el uno al otro el misterio de su persona, tal como es en sí, sin engaño ni mentira, con el fin de formar una verdadera comunidad de amor: formar un hogar. El noviazgo es la consecuencia de un acto decisivo y serio, realizado entre él y ella, por medio del cual se ofrecen con toda sinceridad un amor mutuo, la donación de sus vidas, para que un día pueda fundirse en una sola y en la formación de sus hijos.

a) El noviazgo supone ante todo el inicio de una amistad. El consorte se elige para fundir con él su vida. Eso exige que posea los dones de la más fina y verdadera amistad. Esta se fundamenta sobre la comprensión y la armonía.

Es la única manera de continuar una convivencia feliz

sin un esfuerzo sobrehumano. Los novios tienen que ser primero que todo amigos para que casen. La amistad supone estima y respeto mutuos. Si no son amigos, corten esa relación, cueste lo que cueste. Van a ser infelices en el matrimonio.

b) El noviazgo supone la atracción sexual, pero no necesariamente una pasión desbocada. Sabemos como es el mismo Dios, la misma naturaleza, quien pone esta atracción para conservar la especie. Pero no es solamente la atracción física la que hace falta. Es la belleza espiritual, los valores de una profunda amistad y el deseo de hacer feliz a la otra persona lo que me puede hacer feliz a mí. Este debe ser tema principal de conversación entre los novios. Aquí se hace más patente lo que dice Cristo: el que busca su vida la perderá. El que busca su propia felicidad sin pensar en la del otro, labra su desdicha.

c) El noviazgo supone una búsqueda espiritual e intelectual y una comprensión política. Allí comienza la propia conquista, basada en los valores el espíritu. Conquista que solo termina con la muerte. Esta es la visión integral del amor que debe insinuarse fuertemente desde el noviazgo y en lo que hemos insistido desde el principio. Toda la vida debe ser una búsqueda del amor, de la felicidad, de la verdad. Estamos haciendo, estamos construyendo todos los días el amor, la felicidad para encontrar la verdad.

3. Explicación:

a) Revelarse, es el acto por el cual la persona se muestra, se da a conocer. Revelarse pertenece a la libre decisión de la voluntad. La persona podría permanecer cerrada y en silencio. Su disposición de manifestarse es al mismo tiempo un acto de su amor.

Es un acto de benevolencia y de gracia. Podría rehusarse, ocultarse, encubrirse. Yo acepto esta revelación de la persona creyendo en ella: "Yo creo en ti, yo me fío de ti"

b) Es relación entre personas, no entre cosas o fórmulas. Sin máscaras, es decir, sin tratar de ocultar los defectos a la otra persona, o haciendo sobresalir virtudes que no tiene. El mutuo engaño es muy frecuente y lo peor es el desengaño que viene después.

c) Relación con el fin de formar un hogar. De lo contrario no es sino un simple amorío o pasatiempo. A veces esos amoríos son juegos peligrosos. Pueden dejar honda huella.

4. Etapas:

Esto de dividir el amor por tiempos es difícil y a veces puede ser arbitrario. Sin embargo, podemos descubrir un cierto orden cronológico que comienza por conocerse y por la natural y simple atracción por el otro sexo, luego una especial simpatía por determinada persona, que lleva a una amistad particular, que si es correspondida, conduce al noviazgo propiamente dicho y después al compromiso quizás con esponsales y cambio de anillos, como todavía se usa en algunos medios.

Ese primer período lo podemos llamar conocimiento mutuo o entrada en el amor. Y damos por sabido que esta entrada en el amor puede ser tan diversa como variadas son las personas. No hay que confundir el noviazgo con otras relaciones pasajeras que hay a veces entre los sexos: amistad, flirt, salir juntos, visitarse, relaciones sexuales esporádicas, simples amoríos sin ningún deseo matrimonial.

Examinemos aunque sea de paso estas etapas:

a) Simple atracción: es el cotejo o galanteo como medio de asociación con el otro sexo, con el fin primario de pasar bien el tiempo. El propósito secundario, consciente o inconsciente, es informarse uno mismo de las características e intereses de un gran número de personas del otro sexo.

Los medios comunes de asociación son los encuentros frecuentes, los paseos, las fiestas, los bailes, las conversaciones. En este trato los muchachos se van conociendo y se hacen amigos y hasta a veces los llaman novios. En realidad es algo informal. Este galanteo ayuda a que se vaya creando en su conciencia un sano concepto de las relaciones sociales y de lo que es y significa la otra persona. Así se van acostumbrando el uno el otro al trato, con sencillez y naturalidad. Esos diferentes medios de asociación están justificados como una preparación normal y casi necesaria para el noviazgo en cuanto que ayudan a seleccionar el compañero de matrimonio.

b) Período de simpatía: es la atracción misteriosa hacia una determinada persona con preferencia a otras. Es propiamente la elección, la complementación psicológica. Simpatía significa sentir con, es el misterio donde comienza el amor.

c) Amistad: es cuando la atracción de simpatía se hace diálogo. Es un amor que tiene respuesta, que da su tiempo, que interesa y que va haciéndose cada día mas necesario hasta desembocar en una declaración de amor permanente, exclusivo, personalístico.

Repetimos: lo que garantiza la relación matrimonial es la amistad de las compartes.

d) Noviazgo propiamente dicho: el amor que un matrimonio necesita ha de poseer un elevado grado de madurez y ese amor se madura en el noviazgo. Porque allí se comienza a pensar en serio en el amor con perspectivas a una unión definitiva.

El ego debe haber logrado su apertura social. Este período se dedica más o menos exclusivamente a descubrir las cualidades mutuas, con el propósito de orientarse al matrimonio, aunque sin obligarse a contraerlo. Para conseguir esta finalidad deben hablar y abrirse el corazón, dejando traslucir poco a poco sus mas recónditos pensamientos. El noviazgo es un aprendizaje del amor. Durante la adolescencia llega uno a entender que el ser humano ha sido creado para una forma específica del amor que es la donación total y definitiva de todo nuestro ser, a otro ser que se aprecia y quiere, atando dos vidas para un solo destino, el de formar un hogar. El noviazgo es un proceso que tiene sus leyes de respeto, de espera y de cooperación.

e) Compromiso: es el momento en que se acostumbra a dar la palabra de matrimonio con el intercambio de los anillos y la fijación de la fecha de la boda. Luego viene el tiempo que trascurre entre la decisión de casarse y el matrimonio. Es la consecuencia de un acto serio entre él y ella, por medio del cual se ofrecieron mutuamente su amor, para que un día pueda fundirse en el "dos en una carne".

Antes era la promesa mutua que recibía el nombre de esponsales, en virtud de los cuales se comprometían obligatoriamente a contraer matrimonio en tiempo determinado. Para que tuviera validez se hacía escritura pública. Hoy día consiste en la petición de manos a en la bendición de argollas.

5. Criterios de selección del futuro consorte.

Elegir la persona con quien compartir la vida es una de las más graves responsabilidades que puede contraer una persona. Sobre todo cuando esta quiere ser verdaderamente consciente del valor natural de sus hijos y de la fidelidad que ha de proporcionar a su consorte durante la vida. Es conveniente que antes de comprometerse, se eche un vistazo en derredor y se disponga de un período de tiempo durante el cual se establezcan numerosos contactos. Solo así se puede hablar de una auténtica elección.

 a) Para que esta elección sea acertada hay que tener en cuenta que:

1. Ante la exaltación y el entusiasmo que se siente por estar enamorado, es fácil ver las cosas un tanto idealizadas, por lo que sería prudente un poco de desconfianza ante la embriaguez que implica el enamoramiento. Muchas veces no valen buenas razones ni una buena preparación matrimonial para disuadir a alguien de casarse.

2. Tampoco la fuerza de la atracción sexual y erótica que sienten el uno hacia el otro es garantía o indicio cierto de que hay un verdadero amor.

3. Ante la elección de compañero o compañera de la vida, la persona debe procurar explicarse un poco los motivos que le han inducido a tal elección y examinar en serio si realmente siente interés el uno hacia el otro y esta ante la persona acertada.

4. Se hace necesario un conocimiento a fondo del otro; pero no solo del otro sino de sí mismo. Para esto hay necesidad de reflexionar y tener valor para pedir consejo a una persona competente y desinteresada, pueden ser los mismos padres, quienes desde luego deben ser los más interesados en la felicidad de sus hijos. Pueden ser los maestros o un amigo prudente. A veces nosotros no sabemos lo que queremos. Alguien tiene que hacérnoslo ver. Conocimiento que se adquiere por medio de relaciones personales, las que se deben desarrollar en el ambiente natural de la familia; allí las relaciones son espontáneas y permiten detectar las cualidades y defectos de la persona.

b) Cualidades que se deben tener en cuenta.

1. Cualidades físicas:

- La salud. La salud representa una verdadera ganancia en la vida y será la herencia más segura que los padres dejan a sus hijos. La salud permitirá a los padres ganar el pan y responsabilizarse del cuidado de la familia.

- La belleza. Desempeña un papel importante en la elección del compañero de la vida, ya que despierta más fácilmente la atracción y el amor y por tanto la fidelidad. Pero hay que tener en cuenta que un carácter leal y franco será siempre más importante que unos ojos bonitos o una piel fina y delicada.

- La edad. No existe edad para el amor, se dice. Pero hay una ley universal, nacida de la misma naturaleza humana, que la determina. Es el tiempo en el que el yo se abre al tu. Esta edad adulta psicológica y biológica depende mucho de las regiones, de las culturas, de los climas. Las relaciones amorosas se deben procurar cuando la pareja se encuentra en el desarrollo pleno y total de hacer válido el matrimonio.

Edad realista: no debe moverse todavía en la etapa de la fantasía.

Edad que haya logrado la síntesis, es decir, la integración sexo, eros, ágape.

Edad constructiva: buscar en las relaciones la construcción no solo de su propia persona sino también de la personalidad del otro. Construirse, educarse recíprocamente y continuar ese trabajo por el resto de la vida. No considerar el noviazgo como un pasatiempo sino como un comienzo de formación mutua. No ponerse en la postura del que siempre quiere recibir o del que siempre quiere dar.

- Madurez orgánica: la edad es tan importante como la buena salud física; no solo el poder realizar el acto sexual sino ser capaces de procrear. Aunque eso no se sabe antes de las relaciones sexuales. La edad aproximada para la mujer eran los 20 y para el hombre los 26. Eso era tentativo. Todo depende del grado de madurez afectiva y biológica. El hombre debería ser un poquito mayor. No necesariamente. Hay mujeres mayores que pueden ser perfectas compañeras.

Es bueno mirar algunos puntos de higiene mental, de tipo biológico, personal y social. Higiene mental es un conjunto de métodos por los cuales se puede llegar a tener un equilibrio mental. El matrimonio debe ser una sociedad sin tensiones. No debemos ser problema para otras personas. Si se tienen problemas de tipo biológico, la adaptación al medio no va a ser adecuada.

De tipo personal: el ser humano necesita sentirse seguro, participante de un grupo, necesita ser querido y querer, necesita no solo ser aceptado sino ser estimado. En el matrimonio es importante la satisfacción sexual. Pero este no es sino solo un factor. La satisfacción sexual no se aprende sino que debe crearse cada vez que se realice el acto de amor. No debe ser solo acercamiento sexual sino total. Hay muchas parejas que luego no encuentran razones por las cuales se casaron. El marido cree que la mujer no puede ayudarle en sus problemas, opina que la señora no lo va a comprender.

A veces el marido no consulta a la esposa sobre todo en las cuestiones económicas. Hay cosas en las que hay reserva de parte y parte. Hay que tener en cuenta todos los factores: el social, el cultural, el económico, el sexual y sobre todo los valores espirituales.

Cuales serían factores de separación: en primer lugar, es un error casarse queriendo modificar a otro durante el matrimonio. Con diferente religión o marcadas diferencias en sus conceptos y vivencias religiosas. O con opiniones políticas completamente opuestas. Es necesaria una adaptación social y familiar: a veces uno no se casa solo con la persona sino con la familia. No se puede pretender corregir a alguien que es vicioso, adicto al juego, a la bebida, a la droga, mujeriego, peleador. Todo esto lleva a la ruptura o a la infidelidad. Ni hablar de alguien con problemas mentales, escrúpulos, obsesiones y caprichos exagerados.

Los novios no deben pretender conocerse ni en un año ni en dos ni siquiera cuando ya se casaron sino por el resto de sus vidas. Esa es la tarea del conocimiento y también el desafío y el gozo de tener cada día algo nuevo que conocer. No creo al que le dice a su cónyuge: "¡Yo ya lo conozco a usted!". Sería muy aburrido.

2. Cualidades espirituales.

- Al elegir la persona con quien me voy a casar tengo que examinar si la fidelidad está garantizada por un amor fuerte espiritual y corporal.

- La mejor prueba del amor es que la disponibilidad de sacrificarse el uno por el otro. La abnegación, la lealtad, ensanchan la confianza y robustecen el amor.

- El matrimonio es no solo unión de cuerpos sino sobre todo una permanente unión de espíritus y de corazones. Esto no se alcanza sino en base a una muy auténtica espiritualidad.

- Durante el noviazgo los prometidos han debido dialogar mucho e intercambiar ideas acerca de las virtudes que deben adornarlos para hacer de su vida matrimonial un dechado de felicidad y de paz. Ya dijimos que no es conveniente casarse con persona de diferente religión. Se hace más difícil el entendimiento mutuo. A veces no se tienen los mismos valores espirituales. La Iglesia Católica los llama matrimonios mixtos y no suele conceder dispensa sino por graves motivos. E insiste en que el cónyuge católico trabaje para la salvación de su consorte.

3. Cualidades intelectuales:

- No debe tratar de ver en el tu las cualidades del yo, sino que en el tu debe ver el yo todas su condiciones. Pero no basta que el tu tenga todas las cualidades del yo, debe haber cierta compenetración entre el yo y el tu, de forma que el tu aparezca como el tu para mí.

Ciertamente puede ser que al comienzo de las relaciones no se dé esta compenetración, pero es indispensable que se dé antes del matrimonio.

- La persona interesada en su próximo matrimonio debe aspirar a que su pareja tenga un mismo nivel intelectual o por lo menos que no exista una diferencia muy pronunciada. El amor personalístico requiere una compenetración artística, científica, política. Este equilibrio intelectual ayuda a una buena comprensión y da lugar a la riqueza del diálogo e intercambio de ideas entre los esposos. Así los ideales, las convicciones y el concepto de la vida estarán orientados en un mismo sentido.

VIGESIMONOVENA CONFERENCIA

II - Sigue comunidad de amor sellada con el matrimonio

1. Verdadero sentido del matrimonio

a) Hombre y mujer.

El hombre y la mujer tienen igual valor ante Dios, a pesar de lo que se vive en la práctica. Esta fue la actitud de Cristo. Todos iguales por el bautismo. "Todos los bautizados, revestidos de Cristo...ni judío, ni griego,...sois una misma cosa en Cristo" Gal. 3,27-28. "Creados a imagen de Dios...macho y hembra Dios los creó" Gen.1, 27. La mujer ha sido creada para el hombre: "No es bueno que el hombre esté solo", "para que sean dos en una sola carne" por el amor. Gen.1, 26.

Cuando el hombre y la mujer realizan, cada uno según su modo de ser, lo mejor y más elevado en el amor, constituyen conjuntamente la imagen del amor divino más completa que cada uno de ellos por separado.

b) Imagen del amor trinitario.

En la unión del hombre y la mujer, dentro del amor matrimonial, se nos presenta, aunque solamente en reflejo, un rasgo esencial del amor divino, que es un diálogo de amor entre las tres personas. Hay un Dios que me ama de manera personal, que me permite llamarlo mi Dios, mi Padre; nuestro Dios, nuestro Padre.

El se volvió a nosotros a impulsos de amor, ahora quiere que nos volvamos a El, también por amor. Amor a Dios, amor al otro y amor a sí mismo, están íntimamente entrelazados. En el fondo son una misma cosa: yo, el otro y Dios. La triple unidad del amor. La relación entre un hombre y una mujer se funda sobre el conocimiento de las personas con todos sus valores espirituales y corporales: obra portentosa de Dios que es Amor. "A imagen de Dios los creó" Gen.1 ,27. En esta frase memorable, irradiada por el misterio trinitario, tenemos que descubrir algo muy particular y es que, así como Dios es un ser personal en la comunidad amorosa de tres personas, así también el hombre es imagen personal de Dios por su polarización esencial al otro, a vivir personalmente con el, tal como se pone de manifiesto en la relación matrimonial del varón y la hembra.

Cuando el hombre y la mujer se conocen en el acto matrimonial, llegan al punto supremo de aquella mutua y recíproca polarización personal. Entonces se realiza el triple acorde misterioso: Dios Creador está, para llamar por su nombre a la vida, el fruto de la unión de sus amores. Entonces la mujer, el varón y el hijo que Dios les concede, realizan en una nueva forma la imagen trinitaria de Dios.

c) Amor sacrificado y de seguimiento a Cristo.

El cristiano, discípulo de Jesús, debe parecerse a Jesús. Frente a Cristo somos como una esposa, él mismo se llama El Esposo. Desde el Antiguo Testamento cuando se quería dar una idea de la intimidad de Dios con el hombre, se recurre a la figura del matrimonio.

La unión más profundamente amorosa, íntima y

entrañable de los seres humanos, señala el más íntimo contacto de Dios con el hombre. Se imita a Cristo cuando el uno se entrega al otro. Cuando el hombre ama a la mujer, cuando le promete fidelidad, cuando desea ser totalmente suyo, no solo hacen lo que Cristo hace por los suyos, sino también llegan a ser lo que Cristo hace por su Iglesia. Esposo y esposa no son solo representantes del papel de Cristo y la Iglesia, sino que merced al misterioso sacramento, son Cristo y la Iglesia.

Es el amor, íntima unión de las personas, lo que sustenta el matrimonio. El matrimonio es una misión difícil de llevar a buen término. Exige grandes sacrificios de todo género que es necesario sobrellevar si se quiere ser feliz con la felicidad del otro. Sin ese amor, sin ese constante estar preparado, sin esa espontánea entrega del uno al otro, sin reservas, esa pareja está condenada a la desdicha. Hay que superar el egoísmo y el orgullo. Ambos se han de aceptar el uno al otro como misión de su vida. Debe presidir entre los dos un gran espíritu de sinceridad, de comprensión y de sacrificio.

d) Espiritualidad de la sexualidad.

El varón y la mujer son de Dios por su espiritualidad. Acaso habría que decir que lo son de manera muy particular por el modo como su sexualidad caracteriza su espiritualidad. Varón significa "pensamiento de Dios", brotado de la Divina Inteligencia. Mujer, quiere decir "amada" y formada por el Amor Divino. Jesucristo, el hombre perfecto es el Verbo, la Palabra Encarnada. María, la Madre de Cristo es la mujer perfecta, la forma tangible del amor y de la misericordia de Dios.

2. La comunidad de amor se traduce en funciones de vida.

Como el amor penetra todas las obligaciones de la vida conyugal, lo importante no son los fines sino la base que los sustenta y su sentido propio, puesto que el matrimonio se halla mucho más allá del sentido contractual, aun cuando lo presupone. Todo carece de sentido sin el Sí consciente, a todo lo que en su esencia significa el amor y el hogar.

La comunidad de amor demuestra su vigor en la edificación de la vida.

a) La función espiritual que hace posible el necesario intercambio y convivencia y sobre todo la responsabilidad para ser gestores del misterio de la vida.

b) La comunidad de mesa necesaria, afectiva, especialmente cuando se llega a la práctica ese gran ritual que es la comida en familia.

c) Función de educación y formación, insustituible expresión de la comunidad de amor, en la que el padre y la madre tienen sus funciones específicas. De donde dimana la formación del carácter y la afectividad, en la cual los hijos contribuyen a la formación de sus mismos padres y de los hermanos ente sí.

d) Función protectora contra los riesgos de la época.

e) Cuidados y asistencia en casos de enfermedad y ancianidad.

f) Solidaridad económica en la familia como expresión del amor.

3. Visión integral del amor.

a) Debemos repetirlo una vez más, el amor humano no es simple amor espiritual, ni erótico ni instinto de placer, ni solo instinto de reproducción, sino el conjunto de todas las posibilidades de apetencia de un ser por otro ser, lo mismo afectivo que sensorial. El amor es ante todo la necesidad de intercambio con el otro ser.

b) La necesidad de esta visión global se prueba suficientemente por las tremendas consecuencias que traería establecer la independencia del instinto sexual, con las que se encadenaría el espíritu, se extinguiría el espíritu y el Eros psíquico quedaría condenado a la hipertrofia y corrupción.

c) El sexo llama al eros, el eros llama al ágape. El campo del eros es más vasto y elevado que el del sexo; el ágape lo es inmensamente más que ambos, pero de ambos debe enseñorearse, para guiarlos y ennoblecerlos.

d) Cuando lo sexual pasa a primer plano, el amor pierde su auténtico sentido y eclipsa y debilita el sentido de comunidad. Pasa lo mismo cuando se da preponderancia a otros factores, como las cuestiones económicas, o las clases sociales. Se pierden energías para desarrollar la auténtica comunidad de amor.

e) En cambio una íntima ternura y una atracción sexual vivificada por el amor, protegen la fidelidad conyugal y sirven para la constante disposición al servicio de la vida. Los esposos deben efectuar sinceros y enérgicos esfuerzos para conseguir el dominio racional de la sexualidad, basados en la fuerza del amor y en el espíritu de sacrificio para obtener precisamente más placer en su ejercicio cuando ambos lo desean.

f) Deberes respecto al sexo. Hay tres maneras de relacionarse sexualmente: 1o. La satisfacción grosera del instinto sexual con un cuerpo mercenario sin eros ni espíritu. 2o. La relación extramatrimonial, amantes temporales, a veces definitiva, sobretodo si hay hijos. 3o. La unión amorosa dentro del matrimonio. Cualquiera de estas se puede dar aun habiendo matrimonio. Todo depende de la intención y de la madurez o inmadurez. El 1o. es un sexo enloquecido, instintivo, egoísta. El segundo un eros vacío que no se eleva a la nobleza de la responsabilidad y de la fidelidad. El 3o. podría ser un amor verdadero. Hay por tanto un dominio y una represión de la sexualidad legítima y obligatoria para todos. No solo para los que hacen profesión de virginidad sino también para los casados.

La legítima represión coexiste con un conocimiento claro pero respetuoso del sexo, cuyo dominio está reservado al espíritu y cuya finalidad es el amor creador. Es muy peligroso el sexo abandonado a un desenfrenado libertinaje.

4. Manifestaciones de amor.

a) Sinceridad del uno para con el otro. Suponer la buena fe del otro en sus deficiencias. Perdonar, no solo por el perdón en sí sino para ayudar a superar al otro. Que haya besos, abrazos, caricias, regalos, servicio del uno al otro, ayuda mutua, pasos para llegar al acto sexual, el acto supremo: es la liturgia del amor. Siendo la armonía sexual una necesidad del matrimonio, la mujer, para alcanzar este ideal deberá cooperar haciendo que el marido descubra las reacciones profundas de su psicología femenina en su colaboración enérgica y voluntad generosa y sobretodo con la sinceridad del amor.

Un constante diálogo, sobre sus trabajos, sus programas, sus iniciativas, sobre sus hijos. Preocupación mutua por los niños, como frutos que son de un mismo amor. Decisiones tomadas en conjunto. Siempre de acuerdo en su educación para nunca desautorizarse.

b) El acto sexual debe ser expresión del amor al más alto nivel.

I - La facultad sexual y por tanto su actuación natural está ordenada de suyo a la generación de la prole y a la expresión mas profunda del amor y la complementación de los sexos. No se trata de generar prole irresponsablemente, hay que educarla y llevarla a la filiación divina y a ser gente de provecho para la sociedad.

II - La actuación del sexo se ordena a expresar íntimamente el amor donativo entre dos personas. "El acto conyugal es una acción personal, una cooperación simultanea e inmediata de los cónyuges, la cual, por la naturaleza de los agentes y la propiedad el acto es la expresión del don recíproco, que según la palabra de la Escritura, efectúa la unión en una sola carne" Pió XII (29, 10,51). El fruto de este acto expresivo de donación de sí, es la prole, es el signo sustancial y permanente del amor expresado en este acto íntimo. Más aun, la educación de la prole será el signo continuado del amor mutuo.

III - El poder del amor divino se muestra en que puede penetrar y ennoblecer aun la relación sexual en el corazón de quienes están llamados al matrimonio. La caridad no establece su reino por medio del hombre carnal, pero para llegar a su perfecta madurez tiene que alcanzar y penetrar en todo el hombre, hasta sus actos y goces mas recónditos.

c) Otras manifestaciones de amor.

I - Sabemos que la culminación del amor, su rito final y profundo es el acto conyugal, pero este tiene que ser como la síntesis e integración de todos los aspectos del amor. Es el final de un proceso dialogal-espiritual y de excitación progresiva. Por eso las manifestaciones de amor que llevan al acto conyugal, caricias, besos, tocamientos, deben estar acompañados de un diálogo amoroso y respetuoso, como la mejor preparación para un acto consciente de profunda entrega, culmen de una etapa de entendimiento amoroso.

II - Algunos solo piensan en sí mismos para tomar una mujer o para tomar marido; él, quizás no haya querido desde el primer momento más que su cuerpo y no a ella, a la totalidad de su persona. Ella moviéndose en el mismo plano ha querido reducirlo a un ser atractivo y rico para convencerse a sí misma de que podía hacerlo a su gusto y medida. Ambos han querido ser felices ellos solos, para sí mismos.

III - No se puede convivir sin amor. Los esposos no deben pensar que lo más importante es el día de la boda, olvidando que todos los días se debe cultivar el amor, so pena de que se muera como las plantas sin agua. Siempre se tiene que mejorar. Ambos están en vía de perfección y no se debe decir: es que yo soy así. A veces ninguno de los dos cede, pues cada uno está convencido de que hace las cosas bien. Siempre le echa la culpa al otro cuando pasa algo molesto. No podemos decir que el otro siempre será así. Todos podemos cambiar y mejorar las relaciones.

IV - El aislamiento del hogar frecuente y prolongado por el trabajo u otras causas trae muchos inconvenientes y trastornos a veces graves: se enfría el amor de los esposos y se entorpece la educación armónica y equilibrada de los hijos.

TRIGÉSIMA CONFERENCIA

II - MATRIMONIO COMUNIDAD DE VIDA - Al servicio de la vida

1. Comunidad de vida en el orden divino.

a) El matrimonio, en efecto, no solo está ordenado a la vida de acuerdo con el plan de Dios: "creced y multiplicaos", sino que ese mismo plan exige para su cumplimiento que las dos partes unan sus vidas en una sola. Lo dice el Génesis: "Por eso dejará el hombre a su padre y a su madre y se unirá a su mujer y serán los dos una sola carne" 2, 24. Esta exigencia de la comunidad de vida aparece mas clara si examinamos las notas características del matrimonio.

b) Voluntad de tener sucesión. Por voluntad de Dios el matrimonio hace que dos seres indisolublemente unidos sean colaboradores en la propagación de la vida, procreadores. La voluntad de tener sucesión es lo que da sentido al matrimonio. Matris munus: oficio de madre. Los novios deben tratar este tema antes de contraer. Si excluyen la voluntad de tener sucesión "quedan fuera de la institución divina, aunque exteriormente realicen todos los ritos" (B.Haring Ley de Cristo, II, 283). No se completa uno de los fines del matrimonio: Amor fecundo. Así como tener hijos fuera del matrimonio es un abuso irresponsable del sexo y su poder creativo. No se garantiza nada para los hijos. A no ser que el padre y la madre se comprometan seriamente en su educación.

Si alguno de los cónyuges no niega el deber que existe

a este respecto, pero tiene la intención de rehusar a su consorte la unión conyugal y la posibilidad de que sea fecunda, recibe el sacramento válida pero indignamente. En todo acto conyugal deben los esposos renovar la aceptación de la fecundidad creadora, al menos implícitamente. El matrimonio en general apunta ante todo al hijo. La presencia del hijo es como un lazo que ata a los padres en esa comunidad de vida. Es su amor hecho vida, es la encarnación de su amor, es su amor hecho persona. Por eso el acto conyugal es un acto trascendental que exige y provoca la comunión permanente de marido y mujer que se aman y ven el fruto de su amor en el hijo que vendrá. Aunque no haya hijo, hacer el amor, conserva el amor.

c) Unidad del matrimonio.

I - Dios Creador, al establecer el matrimonio en el paraíso, le dio el carácter de unión entre un hombre y una mujer, es decir, una sola pareja. Por tanto el matrimonio es monógamo por institución divina. La naturaleza misma del amor así lo exige y el orden natural que trae a la vida igual número de mujeres que de hombres. Nos lo dicen las mismas estadísticas muy sofisticadas de 1998. El matrimonio monógamo asegura la igualdad fundamental entre el hombre y la mujer. Asegura que los esposos formen una verdadera entidad moral en orden a la educación de los hijos.

II - Esta unidad matrimonial debe ser:

- en plano de igualdad, que garantice una entrega sin reservas del uno al otro y así realmente la mujer tenga los mismos derechos;

- de orden moral, es decir, la unión de vidas profunda y total que trascienda la simple satisfacción de las pasiones de la carne;

- de orden familiar, que una al padre y a la madre para la obra común de la educación de la prole. Y si no hay prole, que los una para acompañarse amorosamente durante sus vidas al calor del hogar.

III - El vicio opuesto a la unidad es la poligamia, que es la unión con muchas mujeres o de una mujer con muchos hombres (permitida en algunas tribus). En algunos países es ilegal.

O la poliandria, que es la unión de la mujer con muchos hombres. Ya no se practica sino en contadas regiones del Tibet y de la India. En el Antiguo Testamento se practicó la poligamia entre los Patriarcas y entre los Reyes, como una excepción permitida por Dios, para disimular o encausar legalmente un abuso difícilmente remediable en esa época. Algunas religiones la practican como algunos Mormones y clases privilegiadas de los países musulmanes.

IV - Indisolubilidad del matrimonio. Es una cuestión paralela a la de la unidad. Fue establecida en el Paraíso y su necesidad se desprende de los mismos principios que la unidad y choca con las mismas dificultades. Solo el matrimonio indisoluble permite una entrega sin reservas entre los cónyuges y garantiza la institución familiar.

Siempre ha existido presión contra la indisolubilidad, por considerarla como exigencia excesiva. Algunos abogan por una convivencia prematrimonial, sin hijos, para ver en la práctica si se lleva bien la pareja y pueden convivir en armonía. Otros contradicen estas uniones de ensayo, diciendo que son uniones sexuales temporales, que no tienen como base un amor auténtico y pueden dejar secuelas indelebles en el hombre y/o sobre todo en la mujer que es más sensible al amor no ratificado por el vínculo y a la entrega total que hizo no solo de su cuerpo sino de su corazón y de su espíritu. "Ensayar el matrimonio, dice Boret, es tan absurdo como querer ensayar la muerte con un largo sueño".

V - Lo opuesto es el divorcio. El divorcio es la disolución del vínculo matrimonial, en vida de los cónyuges autorizándolos a contraer una nueva unión.

Se llega al divorcio cuando el matrimonio deja de funcionar o se dan cuenta de que nunca funcionó. Afecta gravemente a ambos cónyuges pero sobre todo a los hijos, si los hay. Es un mal menor cuando hay violencia, celos, incomprensión. Pero es muy triste que se tenga que llegar a ese extremo. Deben hacerse todos los esfuerzos posibles para evitarlo. En el A.T. se permitía dar el liberlo de repudio a la mujer "a causa de la dureza de la mujer: el matrimonio de una mujer divorciada era una abominación para Yaveh y un ser impuro. Deut. 24 y Mal. 2, 14.

En el Nuevo T. Cristo es muy explícito en declarar que "lo que Dios unió no lo separe el hombre" Mt.19, 6. Por lo tanto nadie tiene en la tierra potestad de disolver el matrimonio válido consumado. Cuando un matrimonio válido no es consumado la Iglesia lo puede disolver. O también puede declarar nulo un matrimonio consumado por las causales que el Derecho Canónico determina. Canon 1119. Falta comprobada de consentimiento, p.e. Por disposición positiva de Dios puede disolverse el contraído en la infidelidad, si alguno de los cónyuges se convierte al cristianismo. Este es el llamado "privilegio paulino"

que consta en 1Cor.7, 13 y ratificado por el D.C.
Canon 1120.

Podemos decir que el matrimonio indisoluble es una
institución exclusivamente católica. Las demás
Iglesias aceptan el divorcio. El matrimonio es civil, o
sea regido por la ley del Estado y por ende el
divorcio. Después de la licencia civil matrimonial se
puede hacer el
rito religioso, de acuerdo a las creencias de los
contrayentes. Cada vez son menos los Estados
confesionales católicos que han hecho un Concordato
con la Santa Sede en el que se hacen estipulaciones
sobre el matrimonio y su indisolubilidad.

Entre los católicos solo existe la separación o divorcio
imperfecto. Los cónyuges no quedan libres para
contraer un nuevo matrimonio. La mayor parte de
países tiene legislación contra la bigamia y en casi
todos existe el divorcio. En todo caso no debemos
esperar que una legislación externa arregle la
situación haciendo que dos almas carcomidas por la
incomprensión tengan que vivir juntas toda la vida.

Desde el punto de vista individual el divorcio se
justifica, cuando se llega a la conclusión de que no
hay amor. Así la vida se vuelve insoportable y más si
existe la violencia física o moral y el maltrato y mal
ejemplo para los hijos sobre todo si son pequeños, si
hay infidelidad, si hay irrespeto. Hay situaciones en
que es mejor separarse, dejar la vida en común, que
vivir desesperados entre sí, viviendo una vida
insoportable para ambos.

Pero desde el punto de vista social, el divorcio es una
llaga de nuestra sociedad. Los hijos son los peor
librados. Con el divorcio no se han arreglado los

problemas matrimoniales. Más aun, han aumentado. Y a veces se acude al divorcio por nimiedades. No hay el mínimo espíritu de sacrificio, no se aguanta nada.

La indisolubilidad es la que garantiza la existencia de la familia. Los hijos de padres divorciados generalmente se divorcian también. En la práctica vemos el ejemplo de la pareja inmejorable, que se llevan bien. Han tenido una formación sincera y esmerada que garantiza una madurez en la elección y un matrimonio fundamentado en amor verdadero, indivisible y eterno.

VI - Causas del divorcio: el adulterio de cualquiera de las partes, la embriaguez habitual, la adición a las drogas, el absoluto abandono de la mujer en sus deberes de esposa y madre y el absoluto abandono del marido en el cumplimiento de sus deberes de esposo y padre. Y lo peor de todo, el maltrato en palabras y/o en obras. La violencia doméstica es la lacra más común y lamentable en los matrimonios en los que se han perdido el respeto mutuo. Ante todo esto no podemos ser simplistas diciendo: "tengan paciencia", lo que haría ver al Cristianismo como algo inhumano que no da soluciones eficaces a problemas reales.

No podemos olvidar, sin embargo, que el sufrimiento es algo inherente a la condición humana y el verdadero amor da capacidad para soportarlo. El Cristianismo se construyó sobre el misterio del amor y del dolor. Los problemas conyugales aparecen como consecuencia de no haber pensado bien lo que se iba a hacer, pero ya es tarde para esta clase de lamentaciones. Tal vez se puede acudir a algunos medios de persuasión. Otras veces no queda más remedio que la separación temporal o el divorcio.

VII - El matrimonio civil.

- El matrimonio es un contrato de orden público y por eso corresponde al Estado regirlo y presenciarlo. La Iglesia Católica no tiene reparos si es monógamo, único e indisoluble. El Estado cumple pero no tiene por qué imponer a nadie el rito religioso para reconocerlo como tal. En casi todos los países el matrimonio civil está establecido dejando libre a la pareja para realizar la ceremonia religiosa que les plazca.

- El estado puede legislar sobre el matrimonio solo en lo tocante a los efectos civiles (derechos familiares, herencia, separación de bienes, violencia doméstica), pero no puede entrometerse en la conciencia de nadie. Debe respetar las vivencias religiosas de cada uno de los ciudadanos.

- Todo matrimonio válido entre cristianos es sacramento. En realidad los ministros del matrimonio son los mismos contrayentes. La autoridad civil o la Iglesia son representantes de la comunidad que son testigos del amor de los dos cónyuges. Se ha comenzado a hablar de la desclericalización del matrimonio, para devolver todo su valor a la realidad humana del matrimonio, independiente del sacramento, aún para los católicos. Situado de nuevo en esta perspectiva, el sacramento, no forma, no fabrica, no crea la realidad humana matrimonial, sino que la supone y la santifica, la consagra y le da una nueva interpretación, un nuevo sentido.

- No podemos desconocer todo lo que Dios tiene que ver con el amor humano, que es imagen de Dios ("Dios es amor") y el hombre, amor encarnado de Dios. No podemos quitar tampoco al matrimonio el carácter de signo de amor indisoluble como el que reina entre Cristo y su Iglesia. Pero tampoco el matrimonio por católico que sea, garantiza la felicidad, la indisolubilidad y el amor eterno, mientras no haya una formación interior y una preparación adecuada para adquirir madurez y firmes valores espirituales. La mayor parte de los matrimonios en problemas no han tenido ninguna preparación para la vida en comunidad y la educación de los hijos. El Estado debe enderezar su legislación en provecho de la familia y de la firmeza del matrimonio para obtener una sociedad más ordenada.

TRIGESIMOPRIMERA CONFERENCIA

FINES DEL MATRIMONIO: AMOR FECUNDO.
Comunidad al servicio de la Vida.

El matrimonio, unión de amor, manifestada en esa comunidad de mutua entrega entre los cónyuges, como institución, debe tener en sí un fin exclusivo y propio.

I - Fin primario: El pueblo de Dios de acuerdo con la narración bíblica ha creído que el hombre y la mujer se juntan para hacerse compañía y procrear. "No es bueno que el hombre este solo, hagámosle una compañera" y luego dice Dios: "Creced y multiplicaos". Se aman para ser fecundos. Por eso aparece el fin primario como el acto de amar y la fecundidad como su consecuencia.

"El acto conyugal está ordenado por su naturaleza a la generación de la prole" No 55 de la Casti Connubii. Pero es igualmente apto por su naturaleza para favorecer la realización de la comunidad conyugal con sus objetivos esenciales de unidad, indisolubilidad y orden en el amor.

II - Fines secundarios. "Existen también en el matrimonio mismo como en el uso del derecho conyugal, fines secundarios cuales son la mutua ayuda, el fomento del amor recíproco, el sosiego de la concupiscencia" No 60. Esta es la afirmación fundamental llamada de los dos fines del matrimonio, de los dos fines de la relación sexual conyugal.

Pío XII insiste: "La verdad es que el matrimonio como

institución natural, en virtud de la voluntad del Creador, no tiene como fin primario e íntimo el perfeccionamiento personal de los esposos sino la procreación y educación del hijo como persona humana. Los otros fines, aunque también queridos por la naturaleza, no se encuentran en el mismo grado del primero y mucho menos le son superiores, sino que le están esencialmente subordinados. Esto vale para todo matrimonio, aunque sea infecundo".

Sin embargo, vemos claramente cómo el Génesis, liga íntimamente los dos: la compañía y la reproducción. Pareciera ser que la Iglesia Católica tradicional no quisiera admitir del todo la relación sexual como medio también para unirse corporal y espiritualmente.

El Concilio Vaticano II afirma que si bien el matrimonio ha sido creado para la transmisión responsable de la vida humana, sin embargo la procreación no es el único fin del matrimonio, el cual conserva toda su validez e indisolubilidad también en los casos en que falte la prole. "La íntima comunidad conyugal de vida y amor se establece sobre la alianza de los cónyuges, es decir, sobre su consentimiento personal e irrevocable.

Así del acto humano por el cual los esposos se dan y se reciben mutuamente, nace, aun ante la sociedad, una institución confirmada por la ley divina. Este vínculo sagrado, en atención tanto al bien de los esposos y de la prole como de la sociedad, no depende de la decisión humana. Pues es el mismo Dios autor del matrimonio, el cual ha dotado con bienes y fines varios, todo lo cual es de suma importancia para la continuación del género humano, para el provecho personal de cada miembro de la familia y de toda la sociedad humana". Gaudium et Spes #48,49,50.

III- División clásica de los fines del matrimonio.

Se habla de fines primarios y secundarios y de finis operis y finis operantis. Fin es aquello por lo que se ama o se hace una cosa.

a) Finis operis: el fin a que tiende el matrimonio por su misma naturaleza. La generación: la esencia del matrimonio como institución natural es la propagación digna del género humano. Ahí entra la educación y la mutua ayuda. La mujer necesita la fortaleza y la constancia del hombre y este necesita la suavidad y paciencia de la mujer. El hombre debe aprender de la mujer a ser observador, a ser intuitivo, a captar la belleza. Y la mujer aprende del hombre la reflexión, el razonamiento. Remedio de la concupiscencia: Dios da en el matrimonio cause legítimo al deseo sexual, de lo contrario la situación humana sería inhumana.

b) Finis operantis:

Lo que desea personalmente el que se va a casar. Puede o no coincidir con el finis operis.

Fin primario es el bien al que tiende el matrimonio por su propia naturaleza, sobre todo otro bien. Es único porque especifica el matrimonio.

Fin secundario es el bien al que tiende por su propia naturaleza pero no principalmente.

IV - Secuelas

Usamos esta terminología teniendo en consideración la validez del contrato matrimonial. El fin primario es la digna generación de la prole, es decir, la procreación y la educación. Lo que significa que el matrimonio es inválido si alguno de los cónyuges es inhábil para ejecutar el acto conyugal (Vg. la impotencia).

El fin secundario, la mutua ayuda y el remedio de la concupiscencia, dependen del primario, le está esencialmente subordinado. Luego sino se puede conseguir el fin primario, los fines secundarios no pueden legitimar la realización del matrimonio. Esta subordinación se da siempre que es posible la realización del acto conyugal. Aun cuando por causas accidentales no se consiga el fin primario (por ejemplo, esterilidad).

Por otra parte, los fines secundarios no son puros medios; si fueran solo medios, cuando el primario fuera imposible, los secundarios no podrían desearse y no podrían casarse las personas estériles o ancianas, porque el medio no se quiere en sí y por sí, sino por el fin al que conduce. Los fines secundarios lo son verdaderamente y por eso son deseables y apetecibles por sí y en si mismos, aun cuando no se consiga el fin primario.

V - Agustín y la doctrina dualista tradicional.

San Agustín presenta un dualismo en la vida conyugal. Para el Obispo de Hipona, el deseo y el placer sexual es malo. Las relaciones carnales del matrimonio se justifican "por las exigencias de la procreación y el cuidado de prevenir adulterio del cónyuge".

Pero el matrimonio es fundamentalmente una unión espiritual. Cuanto más reprimido es el deseo carnal más intenso es el amor conyugal verdadero, el espiritual. Por eso Agustín desea que todas las parejas puedan practicar la continencia completa, para estar unido no de carne sino de corazón.

El dualismo está en:

1. Necesidad de relaciones sexuales para conseguir la procreación y evitar infidelidades.

2. Necesidad de reprimir el deseo y el placer sexual, es decir, las relaciones carnales, por ser el matrimonio unión de espíritus y no de cuerpos.

En esta concepción Agustiniana, cuya influencia ha venido hasta nuestros días, el placer sexual del acto conyugal solo se justifica por ser medio para la procreación y evitar la infidelidad. Pero no se pensó que el acto conyugal podía ser una expresión por su misma naturaleza, de la unión espiritual, del amor de dos seres humanos en el matrimonio.

VI - Nuestra Orientación.

1. Fines del matrimonio: Al juzgar por la doctrina tradicional, vemos que el dualismo agustiniano ha dejado sus huellas fuertemente marcadas en la división clásica de los fines del matrimonio, primarios y secundarios o primeros y segundos. ¿Acaso no se sigue concibiendo el acto conyugal (con el placer que conlleva) como un medio para obtener la procreación? Cierto que se aclara que los fines secundarios son dones; pero al ser fines subordinados deben admitir que el acto conyugal por su misma naturaleza va dirigido a la procreación pero no solo por esta se justifica.

2. Por eso rechazamos la división clásica de fines primarios y secundarios para hablar de un único fin del matrimonio (finis operis) que es el amor en sí procreativo. Y el sentido del acto conyugal es entonces la expresión y la encarnación del amor conyugal. No excluimos la generación de la prole pero

no la aceptamos como único fin. Aclaremos este punto: partimos de este principio, la finalidad del matrimonio se deduce de la finalidad del acto conyugal porque el derecho a éste causa la sociedad matrimonial (nadie se casa solo para rezar el rosario como querría S. Agustin).

Pues bien, el acto conyugal es la expresión y encarnación del amor entre los esposos. Pero el amor es esencialmente estima y valoración de la dignidad personal del otro (contra la envidia) y deseo de promover la mutua perfección (contra el egoísmo). Como estos aspectos son interiores, debemos expresarlos con una sonrisa, con una atención, con un servicio, con una palabra, con un gesto. Así nuestro cuerpo es mediador de nuestro amor, expresa nuestro amor.

Además el acto conyugal es también procreador por su propia naturaleza: una vez puesto puede originar una nueva vida. El hijo es pues, el fruto del amor conyugal; nace de un acto que tiene como sentido intrínseco ser la expresión del amor conyugal. La voluntad de unión que es inherente al amor de los esposos, se hace realidad concreta en el hijo. El fin del matrimonio es de por sí generativo: amor fecundo.

Otra cosa es hablar del fin del que se casa (finis operantis). Según la realidad concreta, la mayor parte de los hombres que contraen matrimonio lo hacen por satisfacer su sexo y las mujeres porque están enamoradas, tienen por lo general un sentido más verdadero de lo que es el amor y quieren tener hijos y formar un hogar.

En todo caso, el fin que tienen los que se casan está muy lejos de coincidir con el fin del matrimonio en sí mismo; para unos será encontrar una "criada", para algunas será buscar un consuelo y un amigo, un sustituto del padre, un refugio o un modo de ser independiente. Pero estamos muy lejos de hacer coincidir los fines del matrimonio y los que se casan. Ahí esta la causa de tantos problemas y desgracias en la sociedad conyugal.

Consecuencias de nuestra posición: - El placer sexual está regido por el amor conyugal y no exclusivamente por la procreación como quiere San Agustín.

- Al ser el único fin del matrimonio el amor procreativo se impone una paternidad responsable. El matrimonio no es la carrera desbocada a la procreación, no es tener todos los hijos que biológicamente se puedan tener sino los que humanamente se puedan nutrir y educar. Porque el matrimonio no es una fábrica de hijos sin amor y sin respeto por su unicidad y lo que significan como personas, sino un nido de amor responsable.

Si se da colisión entre el amor y la procreación, es decir, cuando los deberes del amor y de la paternidad están en conflicto, se debe recurrir a la planeación. Cuantos hijos puedan responsablemente mantener a conciencia los cónyuges.

Según esto ¿cuál sería el matrimonio verdadero, integral? De esta pregunta surge otra consecuencia: necesitamos educar a los que están ya casados y a los que se van casar, para que se den cuenta cuál es el fin del matrimonio y hagan coincidir su intención con la propia finalidad del matrimonio. Hay que insistir en que todos comprendan que su intención al contraer el matrimonio (finis operantis) tiene que coincidir con el fin que tiene el matrimonio por sí mismo (finis operis): el amor procreativo.

TRIGESIMOSEGUNDA CONFERENCIA

LA UNIÓN CONYUGAL Y SU CONTRIBUCIÓN A LA VIDA

I - Uso del matrimonio. El uso del matrimonio consiste en la unión sexual constituida por la naturaleza para la propagación y conservación del género humano mediante la cópula carnal. La cópula es llamada "débito", ya que los cónyuges por el contrato matrimonial lo convienen mutuamente.

1. El débito matrimonial, no solo por su realización exterior y física, sino en cuanto a las disposiciones interiores, tiene que ser una respetuosa contribución voluntaria al encargo del Creador. A veces los casados, aunque no tienen por principio el rechazo de la vida no hacen siempre el amor con la voluntad de generar una nueva vida.

O porque tienen ya un hijo o hijos o porque no están listos todavía para tenerlo. Lo hacen por placer. Pueden presentarse a veces razones graves que hacen menos deseable la aparición de un hijo, por ejemplo el estado de convalecencia de la esposa, una enfermedad, peligros graves en la preñez, herencia defectuosa, ambos esposos trabajan, pobreza, simples dificultades económicas. Se da el débito para fomentar el amor mutuo.

Por lo tanto para justificar la unión marital, no se requiere la renovación constante de la voluntad o intención de tener descendencia. La demostración de amor conyugal se convierte en un grave deber, siempre que uno de los cónyuges lo pida seria y legítimamente. El verdadero amor es el mejor guía de los esposos en este punto. El débito conyugal no debe separarse del amor conyugal.

2. Modo de actuación perfecta. Los órganos genitales del hombre y de la mujer han sido concebidos y formados en sus menores detalles con el fin de una íntima unión, que si en los días del ciclo ovulatorio de la mujer penetran los genes del hombre pueden fecundarla y realizar el milagro de la vida.

a) El primer objeto del acto conyugal es poner en presencia los dos elementos esenciales de la generación: el elemento femenino, el óvulo y el masculino, el espermatozoide. El espermatozoide incluido en la esperma puede conjugarse para penetrar el óvulo y así formar el embrión humano. Para permitir el encuentro de estos elementos, el miembro viril debe penetrar en las vías femeninas hasta el fondo de la vagina. Este acto es el acto natural, necesario para la procreación de los hijos y para reforzar el amor mutuo. La fecundación artificial es cosa que se permite cuando la fecundación natural es imposible.

b) El acto conyugal realizado de este modo natural es un acto absolutamente meritorio, no deshonesto ni impúdico como algunos esposos los creían falsamente. Es error pensar que este es un medio únicamente de goce para el hombre. Es goce para ambos. No se debe considerar a la mujer como la víctima que se sacrifica. En esta unión el hombre y la mujer poseen los mismos derechos.

Para el éxito del matrimonio la responsabilidad de la mujer es tan importante como la del hombre. Por eso es tan importante que desde la preparación matrimonial sepan y comprendan bien los futuros esposos sus deberes y derechos iguales frente al acto conyugal. El uno como el otro tiene derecho a pedirlo.

c) Por lo general la mujer no empieza a vivir a plenitud más que en el matrimonio. La maternidad es el único ideal que da sentido a su vida y le confiere su valor. Y por otra parte en la mujer el instinto sexual no está principalmente ligado a lo carnal, sino asumido por el amor espiritual, entregada a un hombre único que desea compartir con ella toda su vida, para el cual ella quiere serlo todo.

d) La actuación perfecta tanto del varón como de la hembra exige que se haga por su unión completa en el acto de la cópula y en el efecto. Se dice unión completa en el acto si la llegada del esperma a la vagina se hace durante la relación sexual. Si no llega, el acto es imperfecto. Se dice unión completa en el efecto, si a la unión completa en el acto se le permite unirse la obra de la naturaleza, cuyo comienzo natural es precisamente la cópula conyugal.

Impedir la obra de la naturaleza por una acción antecedente (condón o esterilización) o subsiguiente (expulsión de esperma) es privar a la unión de su finalidad natural. La unión es en sí misma natural, pero por la intención del agente se hace infecunda en el impedimento de la naturaleza. Como dijimos se deja a conciencia de los cónyuges.

e) La actuación perfecta del varón no requiere como complemento la conmoción de la mujer, perfecta o imperfecta, mientras por el contrario la conmoción perfecta de la mujer exige como complemento natural el acto perfecto del varón. La razón es porque el complemento de la actuación perfecta del varón es su recepción por parte de la mujer; un elemento accidental de la unión (el grado más alto de unión corporal). En el varón, la eyaculación (como expresión de la donación de sí) y el orgasmo coinciden, mientras en la mujer la recepción del varón y la coronación no necesariamente coinciden.

Hay que repetir y enfatizar contra la represión religiosa, que el acto conyugal no solo es lícito y honesto, sino como dado por Dios para la propagación de género humano, es un acto óptimo y meritorio.

Hay mujeres y aun hombres que se sentían culpables de gozar en la relación conyugal. Como si Dios no hubiera bendecido a la primera pareja y a todas las demás y hubiera elevado su unión a la dignidad de sacramento. Por lo tanto es bueno realizar el acto conyugal también para la unidad de los esposos aún en el caso de no buscar directamente la procreación como en el caso de la esterilidad.

El hombre y la mujer no se unen tan solo por los órganos de la generación, sino sobre todo por el corazón y el espíritu, el amor es todo eso al mismo tiempo.

3. Deber y norma moral de la bisexualidad. Puede decirse que el ser humano quiere por medio del matrimonio más vida moral. El ser humano ve aumentada su vida mediante el matrimonio. Por lo tanto el ser humano que permanece en soltería (a no ser el celibato por el reino de los cielos), no da de sí el pleno rendimiento y achica el concepto de la vida, como dijo Dios al principio de los tiempos: "No es bueno que el hombre esté solo", y por eso dio a Adán su compañera, diciéndoles a los dos: "Procread y

multiplicaos y llenad la tierra".

Los esposos deben ver en ese gozo del amor mutuo la anticipada recompensa que Dios les hace como colaboradores suyos y que deben corresponder a la fineza del Creador no oponiendo resistencia a sus designios.

a) El deber y la fecundidad. Los esposos pueden activar o restringir a su antojo la fecundidad, pero el hecho no crea el derecho. No se casan solo para ellos, sino para una finalidad que los sobrepasa, teniendo que dar cuenta del poder que Dios les da. Es bueno tener en cuenta que los que pretenden seguir las leyes naturales deben ser los primeros en no romperlas. El fraude matrimonial es contrario a la naturaleza y constituye el abuso de confianza respecto a Dios que es dueño y señor de la vida, el cual podría reservarse para sí mismo su transmisión y distribución y desentenderse de las necesidades de los hombres.

b) Persona capaz de realizarlo. Las relaciones sexuales pueden dejar de ser obligatorias por razones físicas.

Enfermedad grave del hombre o de la mujer o por alcoholismo, arteriosclerosis, tuberculosis, sífilis, cáncer, problemas cardíacos, sida o cualquier otra enfermedad contagiosa. Corresponde al médico declarar la imposibilidad y por cuanto tiempo ha de abstenerse de la unión.

c) Impotencia, infecundidad, esterilidad. La impotencia en el hombre puede constituir un impedimento matrimonial, si es incurable y anterior al matrimonio. Es la incapacidad de realizar el acto sexual hasta el punto de hacer imposible la introducción del semen en la vagina. Es impotencia en sentido estricto. Las formas pueden ser variadas, como la debilidad del mismo instinto sexual, falta de erección del pene, defecto funcional. Se remonta casi siempre en sus inicios al abuso inmoderado del coito, o a la masturbación desenfrenada desde la infancia y adolescencia. Otra forma de impotencia consiste en las erecciones débiles o en la eyaculación prematura. Las anomalías en el hombre son de carácter físico y a veces psíquico por factores morales inhibitivos que le vuelven incapaz de relaciones sexuales. Estas anomalías, como es natural, crean grandes dificultades en el matrimonio y pueden ser causa de nulidad, de infidelidades y otros conflictos. No se debe temer acudir al médico al principio del matrimonio antes de que sobrevengan desgracias.

Hay también impotencia en la mujer debido a causas físicas incurables. Hay enfermedades que hacen imposible el acto conyugal o anomalías que afectan los órganos genitales externos de la mujer. Una perturbación de importancia es la frigidez, o frialdad sexual, la anestesia o indiferencia ante los placeres del sexo. Las dificultades simplemente afectivas de la mujer no dan motivo a una declaración de impotencia, porque el acto sexual se efectúa normalmente.

Esterilidad en el hombre: en uno de cada tres matrimonios la esterilidad es imputable al hombre. Las causas, lo mismo que en la mujer, provienen de un estado general de intoxicación o de lesiones internas. La mayoría de las veces un examen médico hecho con cuidado permite descubrirlo y remediarlo.

Esterilidad en la mujer: es más común y son múltiples las causas.

Pueden ser anatómicas: suponen un obstáculo a las relaciones sexuales y a la progresión del óvulo o de los espermatozoides (persistencia del himen, atresia del cuello uterino, vaginismo, etc.). Pueden ser fisiológicas: conciernen a la ovulación o madurez del óvulo, falta de desarrollo de los ovarios o de la matriz, cólicos, hinchazones del vientre.

Pueden ser inflamatorias como las que se refieren a las trompas o a los ovarios, metrititis (inflamación del útero o matriz), salpingitis (inflamación de las trompas), ovaritis Inflamación de los ovarios). Solamente sería fecunda por la inseminación artificial.

4. Abusos en el acto conyugal.

a) El acto conyugal es abusivo cuando no conserva su carácter amoroso y el respeto mutuo. Cuando razonablemente no es deseado por la mujer y sin embargo es presionada a aceptar el coito por insistencia del marido. Acto sexual ejecutado únicamente para satisfacer la concupiscencia y como un acto biológico, sin los miramientos por la otra persona.

Es un abuso cuando hay violencia, cuando hay violencia no hay consentimiento mutuo y por tanto no hay amor.

b) El onanismo, es el coito interrumpido. Consiste en la interrupción de la cópula inmediatamente antes del orgasmo del varón. O sea, se da la emisión de la esperma fuera de la vagina de la mujer. Es una unión incompleta que se llamó Onanismo. Se toma el nombre de la narración del Gen 38,8-10 que refiere el juicio de Dios sobre Onán, que al no querer, según la ley del levirato, generar prole de la esposa de su hermano difunto, interrumpió la cópula y derramó la semilla en la tierra. Esta acción no cumple con el débito que se debe a la mujer, porque solo se satisface el hombre pero ella puede quedar frustrada e insatisfecha al no darse término feliz a la cópula.

Sabemos que ahora hay medios mecánicos, como los condones, que impiden la eyaculación del semen viril en la vagina de la mujer e impiden la fecundación. También hay pastillas que hacen infecunda a la mujer. Pero también existe la vasectomía para el hombre y la esterilización para la mujer. Todo esto queda a la conciencia y al consenso mutuo de la pareja.

c) Fecundación artificial. Es una manera de fecundar el óvulo femenino, mediante un procedimiento de laboratorio, con el semen masculino. Se puede obtener el semen con un coito imperfecto. Se acude a este procedimiento cuando por razones biológicas no se puede obtener la fecundación de una manera natural. Se llama también inseminación artificial ("in vitro"). Se obtiene el semen, mediante la masturbación, o porque la mujer no puede ser penetrada o porque el hombre es impotente. O porque carece de semen. De todos modos es la mujer la que sufre decepción. La mujer no tiene derecho sino a su marido.

Puede ser estéril y darse el caso de que sí puede ser fecunda con el semen de otro hombre, pero esto no complace a la naturaleza misma del amor personalístico incompartible. En este caso algunos esposos aceptan generosamente su situación de falta de hijos, adoptando uno o empleando su afectividad en servicios a las comunidades más necesitadas. Se debe obrar de acuerdo a la conciencia de cada uno.

Solo puede pensarse seriamente, de acuerdo a la moral

católica, en uno de aquellos métodos, cuando el esperma depositado en la vagina mediante una cópula normal y únicamente para vencer un obstáculo mecánico a la concepción, se hace pasar, con ayuda de un instrumento a través del cuello uterino.

d) Relación sexual durante la preñez. Las relaciones durante la preñez son lícitas, a no ser que resulten peligrosas para la vida del feto, según concepto médico.

El respeto ante el gran misterio que se opera en el interior de la madre y la delicadeza con que ha dado en tratarse a la mujer embarazada imponen al esposo suma discreción en lo que respecta a solicitar la unión. La unión conyugal encierra una prestación de verdadero amor y fomenta la mutua comprensión.

TRIGESIMOTERCERA CONFERENCIA

LA COMUNICACIÓN RESPONSABLE DE LA VIDA

Queremos decir antes que el egoísmo hostil a los hijos es una cosa y la procreación responsable es otra. La procreación responsable significa que los casados desean hijos, en cuanto puedan traerlos al mundo, criarlos y educarlos, teniendo en cuenta los medios de que disponen en la actualidad. No podemos ir en carrera desbocada hacia la natalidad.

1. Explosión demográfica.

a) "Muchos manifiestan el temor de que la población mundial aumente más rápidamente que las reservas de que dispone" dice Pablo VI en Humanae Vitae. Se habla también que es una de las causas del subdesarrollo. Por otro lado ha habido un cambio en el modo de considerar a la mujer y su puesto que ocupa en la sociedad (que no está solo para quedarse en casa y tener hijos), y el valor del amor conyugal.

b) Los adelantos científicos hacen al hombre cada vez más dueño de la naturaleza y por lo tanto con posibilidades de regular también la transmisión de la vida. Es muy lamentable que se haga sexo irresponsablemente y por accidente se tenga el hijo. Viene a ser un hijo indeseado y por tanto no querido y no bien educado, las más de las veces sin padre o sin padre y madre a la vez que lo quieran de verdad. Un hijo problema.

c) Se da un problema serio en el rápido crecimiento de

la humanidad. Durante el período paleolítico el aumento de la especie humana ha debido ser restringido, porque un aumento medio anual de 2 por 10 mil, haría que los descendientes de solo dos docenas de individuos hace cien mil años, hubiera subido a una cifra igual a la población actual (Ver Reinhart, "Historia de la Población Mundial", ONU Evolución demográfica #17)

Población mundial aproximada en el siglo I de tiempos de Cristo, fue 250 y 300 millones.

Los demógrafos se inclinan a creer que ha sido desde el siglo XVI que ha comenzado el crecimiento de la población, ya que en el tiempo anterior las epidemias y las guerras, el nivel de población volvía a la cantidad precedente.

Por los años de 1650 teníamos una población mundial de 545 millones.

En 1800 la población mundial era de 907 millones. En 1900 se calculó la población mundial en 1,680 millones. En 1950 se calculaban 3,000 millones de habitantes en la tierra.

Y se calculan más de 6000 millones para el año 2008. De los cuales 600 son para Latino América. En 1950 Latinoamérica tenía 163 millones. Los países más avanzados tendrán una población de unos 900 millones lo que representa un 15% de la población mundial y tienen una producción mundial del 80%. Les queda el 20% para los 5,100 millones de los países menos desarrollados. Los pueblos ricos gozan de un rápido crecimiento económico, mientras que los pobres se desarrollan lentamente.

El desequilibrio crece: unos producen con exceso géneros alimenticios que faltan cruelmente a otros, y estos últimos ven que sus exportaciones son inciertas. El ingreso per capita estaba en 1995 a mas de 2000 dólares por mes, en los países ricos, baja a un promedio de 100 en los pobres.

Varía la fertilidad en un promedio de 10 hijos en mujeres de los países subdesarrollados y dos hijos en las mujeres de los países ricos. Pero la mortalidad infantil es más alta en los primeros y el promedio de duración de la vida es menor. El desarrollo de la medicina no obstante ha llegado a todos y ha hecho disminuir la mortalidad infantil y aumentar la duración de vida. El promedio de vida en la antigua Grecia era de 28 años mientras hoy es como 80 para las mujeres y de 70 para los hombres en todos los países.

2. Paternidad y maternidad responsable.

a) El amor conyugal exige de parte de los esposos que ellos tengan una conciencia de su misión en la paternidad. Es decir, que respondan a los deberes anejos a la generación de la vida.

I - En relación con el proceso biológico, paternidad responsable significa conocimientos y respeto de sus funciones; la inteligencia descubre, en el poder de dar la vida, leyes biológicas que forman parte de la persona humana.

II - En relación con las tendencias del instinto y de las pasiones, la paternidad responsable comporta el dominio necesario que sobre aquellas ejercen la razón y la voluntad.

III - En relación con las condiciones físicas, económicas, psicológicas y sociales, la paternidad responsable se pone en práctica ya sea con deliberación ponderada y generosa de tener una familia grande, ya sea con la decisión, tomada por graves motivos, de evitar un nuevo nacimiento durante algún tiempo o por tiempo indefinido.

Por tanto el tener en sus cuerpos la potencia de dar la vida no significa una carrera ciega hacia la natalidad, sino una defensa de la vida humana y de la persona, con su libertad y responsabilidad y la conciencia de sus deberes para con la sociedad.

3. Motivos para evitar un nuevo nacimiento.

a) Motivos médicos. A veces es necesario que los nacimientos sean más espaciados en interés del equilibrio somático o psíquico de la mujer. A veces hay que prohibir todo embarazo ulterior que ponga en peligro la vida de la mujer.

b) Motivos sociales y económicos. La educación incluye el sustento, el vestido, el alojamiento, la formación de los hijos. Si las posibilidades de un hogar son restringidas, un nuevo embarazo carecería de justicia con respecto a los hijos presentes, a los que no se les podría asegurar condiciones de vida humana.

c) Motivos psicológicos. El padre y la madre no están preparados para atender a una nueva persona en la casa y le quitarían la atención a los otros hijos que la necesitan. Una atención demasiado compartida rebaja la calidad de educación que se debe a los hijos.

d) Motivos demográficos. Podemos afirmar que la tierra se está poblando a pasos de gigante. La población del mundo de 1900 se habrá cuadriplicado para el año 2015.

Y aunque la falta de recursos alimenticios no afectara a los países desarrollados sí afecta desde ya a los países pobres y densamente poblados como lo son Latinoamérica, Asia y África. Hay todavía grandes superficies de la tierra que no están produciendo y los océanos que recubren las tres cuartas partes de la tierra contienen enormes reservas alimenticias (multitud de peces, plancton, rico en vitaminas y sales minerales). Menos del uno por mil extraemos actualmente de allí. El problema del mundo es la mala distribución de los bienes. Según la UNESCO el presupuesto militar que se tenía en las naciones durante la guerra fría, era suficiente para dar de comer a tres mil millones de habitantes y construir 240 millones de casas.

Es por consiguiente indispensable una planificación de nacimientos a base de educación sexual y educación para la responsabilidad, necesaria para todo ser humano pero especialmente para aquellos que quieren ser verdaderos padres y madres de familia.

4. Cómo regular los nacimientos.

a) Hay que excluir absolutamente como vía lícita para la regulación de los nacimientos la intervención directa del proceso generativo

ya iniciado, y sobre todo el aborto directamente querido y procurado.

Puede haber excepciones muy respetables como sería la preñez por violación, peligro de muerte de la madre y preñez en la que se detecta feto mongólico o deforme. Hay dudas sobre cuándo comienza la vida en el feto, es decir, cuándo hay allí una nueva persona. Sea como fuere, el aborto, es considerado por la Iglesia Católica como un infanticidio.

b) Cuando los padres tienen serias razones para espaciar los nacimientos o para no tener más hijos, entonces queda a conciencia de los cónyuges el usar los medios que a su juicio les parezcan más adecuados y efectivos y al mismo tiempo más acordes con el amor y el respeto que se deben a ellos mismos y a sus hijos.

La Iglesia Católica excluye la esterilización, las píldoras anticonceptivas, los dispositivos intrauterinos, la vasectomía, la ligazón de trompas, los baños químicos, etc. Lo único que admite es el método de Ogino y Knaus, que consiste en tener en cuenta los ritmos naturales inmanentes a las funciones generadoras para usar del matrimonio solo en los períodos infecundos y así regular la natalidad. Pero es el método más inseguro.

En su ciclo mensual una mujer tiene algunos días fecundos y muchos días no fecundos. Sin embargo hay una gran dificultad en la práctica de la continencia periódica.

Distinguir entre los días fecundos y los nos fecundos solamente es posible cuando el ciclo mensual es regular y cuando una mujer posee a la vez la inteligencia y el tiempo de estar atenta a las variaciones regulares entre los períodos fecundos y los infecundos. La mujer es estéril los once días anteriores a la menstruación y fecunda los ocho días anteriores a estos once y de nuevo estéril los días precedentes a estos ocho. Así los cónyuges se abstendrán de las relaciones los días que la mujer es fecunda.

Este método ha sido muy difícil de seguir en la práctica. Ha fracasado en más del 50%. O porque no se tiene la debida disciplina o porque no se tienen en cuenta muchas cosas, como el hecho de que el esperma puede durar vivo hasta 72 horas en la vagina.

Y por tanto muchas relaciones que se hacían durante el tiempo infecundo de la mujer después de la menstruación podrían producir la gravidez. Además porque el ciclo menstrual puede variar muchas veces debido a cambios de clima, preocupaciones, cambios fuertes en la alimentación, viajes, ejercicios, baños de mar, montar a caballo, etc.

Por eso si el ciclo fuera regular de 30 días exactos, la mujer sería infecunda del día 1 al 8 y se daría un tiempo amplio del día 9 al 19 en que la mujer es fecunda. E infecunda de nuevo del día 20 al 30.

No desconocemos que este es un método más fácil para la mujer que para el hombre, dadas las características propias de la psicología de cada uno de ellos. Una mujer piensa más en el marido a quien ama que en sí misma. Además lo que más interesa ver aquí es la necesidad de un dominio de las pasiones, responsable y dirigido por el amor.

5. Fin de la planificación familiar.

a) Los fines que tiene la familia concreta con sus angustias y condicionamientos, su pobreza, metida dentro de un sistema social egoísta e injusto son muy comprensibles. Cada persona dentro del orden social en que vivimos no busca sino su propio provecho y favorece con su ideología el individualismo. Por eso no existe la defensa de la familia y no hay auxilio alguno para los hogares pobres, torturados por la miseria, la ignorancia, la falta de habitación, las pésimas condiciones higiénicas.

Y hay que pensar en los motivos serios que puede tener una esposa, llena de hijos, con un marido irresponsable, vicioso, que solo viene al hogar a dejarle más hijos y muchas veces a maltratarla verbal y físicamente. Yo le aconsejaría acudir a un médico preparado y honrado que le dé soluciones concretas a su caso.

El amor fecundo, procreativo, que se confirma en el matrimonio, de ninguna manera excluye los hijos; todo lo contrario, ese amor se hace realidad, se expresa en el hijo. Aquí nace otra obligación connatural del matrimonio y que está en la misma línea que el amor entre los esposos: ese hijo tiene que ser educado, alimentado y vestido. Y no de cualquier manera, sino de una manera responsable y digna. Cuando esto no se puede conseguir, es decir, cuando no se puede ser padre y madre responsable, no es justo NI CONVENIENTE traer hijos a esta vida.

b) Los fines que puede tener el Estado. Los países están justamente preocupados por encontrar soluciones inmediatas para responder a las cada día mayores necesidades de la creciente población. Y están estableciendo ya legalmente el control indiscriminado de la natalidad con los métodos anticonceptivos que juzgan más eficaces. A veces creando graves conflictos con la Iglesia Católica, sobre todo en aquellos países en que ésta ejerce una influencia considerable. Y sin duda el aumento de la población se da en los países más pobres, por falta de una educación para el amor y para la responsabilidad. Siempre será más fácil buscar soluciones inmediatas y simplistas que educar al pueblo.

El excesivo crecimiento poblacional de los países pobres son un problema político serio para los países desarrollados; temen con razón que se conviertan en fuerza de presión cada vez más peligrosa para su seguridad y hegemonía en el mundo. También les crean un problema de expansión emigracional. Crece muy rápido la inmigración de gentes de Latinoamérica, Asia y África hacia los Estados Unidos.

Como lo fue en otro tiempo de Alemania, Irlanda, Italia. Y se quiere ver en el aumento de la población el origen de todos los males. Por eso se incrementan cada vez más las campañas de control natal. De la misma manera que el pueblo de Israel se tornó en amenaza para el dominador egipcio y por eso el Faraón ordenó el primer plan masivo de limitación de nacimientos que se conoce en la historia, con el exterminio de todos los primogénitos de los hebreos.

Parece que se hubiera eliminado la esclavitud hace muchos años pero no se ha terminado la lógica del exterminio: "El sistema de la esclavitud ha funcionado mientras los amos han mantenido posible la vida de los esclavos. Cuando a estos no les queda asegurado el permiso de vivir, han surgido las guerras de liberación" comenta Hernán Vergara. Con la expansión industrial y el avance de la tecnología, la máquina ha desplazado una inmensa cantidad de esclavos. Por eso los vencedores en esta lucha en que las armas eran el capital y la tecnología, se embriagaron con sus triunfos y no advirtieron que en el campo de los dominados la vida se hacía insostenible para un número cada vez mayor, especialmente por falta de empleos y el alza en los costos de la vida. La civilización capitalista no ha podido encontrarles oficio a esos sectores de población y a esos pueblos, con lo que falló el sistema de esclavitud y se abrió inexorablemente para los dominadores la perspectiva de acudir al exterminio de la población no aprovechable.

La Iglesia Católica, quizás sin querer, viene a plantearle al mundo desarrollado un reto al contradecirle rotundamente su política de exterminio. El Obispo de Estrasburgo León Arthur Elchinger declaraba: "La Iglesia no debe intervenir en política, salvo en el caso que se destruya al hombre".

La intervención política de la Iglesia ya no es en cosas que no son de su incumbencia, como sucedió en tiempos pasados, lo que se disputa ahora bajo el término de política, es el derecho a la existencia de una parte de la humanidad. Nuestro países pobres han aceptado el camino fácil de controlar la natalidad por todos los medios, principalmente los más baratos y que puedan hacerse más populares.

Es más fácil controlar que educar, más fácil controlar que trabajar y producir más alimentos, es más fácil controlar que emplear el justo presupuesto para la salud e higiene de la gente, más fácil controlar que desprenderse de lo que injustamente se ha acumulado explotando a la masa indigente. Hay que enseñar una paternidad responsable.

TRIGESIMOCUARTA CONFERENCIA

NECESIDAD DE UNA EDUCACIÓN PARA LA PATERNIDAD RESPONSABLE

1. La situación concreta de la gente es cada vez más alarmante. Los obreros, los jornaleros, son pobres e ignorantes porque la sociedad y clase dirigente no les da oportunidades de educarse. Por tanto no toman conciencia ni se dan cuenta directa de la responsabilidad que ellos tienen en la procreación de los hijos, pero sí saben y sufren que un pequeño ser que viene al mundo no puede en justicia merecer tal suerte. Si nos acercáramos a tantas casas atiborradas de gente, a chozas, casas de lata o de cartón, cuevas, cinturones de miseria de nuestras grandes ciudades que viven en condiciones infrahumanas, tomaríamos una posición más radical para trabajar por el cambio de un sistema que no trata humanamente a nuestros hermanos.

¿Cómo podemos exigir a esta gente en las condiciones de miseria en que viven y sin la mínima educación, que usen la continencia periódica, el único medio permitido por la Iglesia para limitar los hijos?

Se necesitan medidas urgentes y rápidas para solucionar esta situación. Es necesario que una sociedad que se dice cristiana se comprometa de manera más eficaz en este proceso. No es justo que haya tantos niños desamparados, abandonados al abrigo de un periódico, enseñados por la vida a buscar sustento al acecho de los que tienen más, sin esperanza de poder tener alguna vez casa propia, por su desgracia de haber sido concebidos para una existencia miserable. Necesitan tener más para ser más, mediante una educación.

2. La vida humana cobra relieve especial en el área de la responsabilidad. Se impone la tarea de renovar la educación de un modo muy exigente. Dice Pablo VI: "Una práctica honesta de la regulación de la natalidad exige sobre todo a los esposos a adquirir y poseer sólidas convicciones sobre los valores de la vida y de la familia y también una tendencia a que los esposos deben ser conscientes, más ahora que en el pasado, del significado de la fecundidad". Todo esto supone una esmerada educación en el sentido de la responsabilidad y un despertar en ellos también un recto sentido de los valores. ¿Quién les enseña a los esposos esa conciencia de los valores de la vida y del significado de la fecundidad? Es muy poco lo que se hace a nivel de educación sexual en el seno de la familia, de la escuela y de la Iglesia.

La decisión consciente que los esposos deben hacer acerca del número de hijos no es cuestión de poca importancia. Por el contrario impone un cumplimiento más exacto de su vocación a la fecundidad. La mayoría de las familias de que hemos hablado que viven en la miseria son incapaces de esas decisiones.

Por otra parte, conscientes de que la comunidad conyugal y familiar no se logra sin una profunda reflexión, es necesario proporcionar a los jóvenes y en general a todos los que van a contraer una adecuada preparación para el matrimonio. Esto requiere la colaboración de todos. Los casados que ya están bien educados deben tener una grande e indispensable parte en este trabajo. Los sacerdotes y maestros deben cooperar en dar un sentido profundo de las virtudes que entran en juego en la armonía de la pareja.

El médico, el psicólogo, el sociólogo deben participar para que las condiciones físicas, mentales y relacionales sean las más aconsejables para esa armonía. Sin esta cooperación, en la cual cada uno tiene su parte indispensable, no habrá nunca métodos aptos de educación para estas responsabilidades de la vocación matrimonial y para prevenir las dificultades y conflictos que se puedan presentar en la más íntima unión de la pareja humana.

3. La razón por lo cual la Iglesia Católica se opone a los métodos mecánicos y químicos para limitar los nacimientos, es porque está de por medio la defensa de la vida humana, de la naturaleza. Aquí notamos una contradicción en su moral. La Iglesia ha tenido la obsesión de defender el feto, es decir, lo que no ha nacido, pero parece muy indiferente a los que ya nacieron y padecen hambre y miseria y muerte prematura, por el hecho de estar vivos. Está muy preocupada de cómo se llevan a cabo los procesos biológicos destinados por naturaleza al bien de la especie humana. Pero no se compromete por esa humanidad que viola los procesos por ignorancia o por necesidad.

Esta inviolabilidad de los procesos es análoga a la inviolabilidad de la vida humana. Esta analogía no es meramente metafórica sino que expresa una verdad moral fundamental: la vida humana, ya existente "de facto" es inviolable. De la misma manera es inviolable en sus causas próximas,"in fieri". Para decirlo de otro modo, así como la vida ya existente se aísla del dominio del hombre, de la misma manera se hace con la vida que viene a ser; esto es, el acto y el proceso generador, en cuanto son generadores independientes de este dominio.

Pero este valor fundamental de la vida humana no se tiene en cuenta en la práctica cuando la Iglesia no se compromete con la causa de las inmensas mayorías desposeídas, con el hambre y la miseria de las familias numerosas y paupérrimas que a lo mejor están llenas de hijos por obedecer el mandato de procrearse sin límites ni orientación.

Es irresponsable imponer a la gente el procrearse sin darle los medios para educar y mantener adecuadamente a los hijos. No solo se debe dar una educación para la responsabilidad sino empeñarse en serio para cambiar este sistema de injusticia social. Se decía de manera ingenua: "el matrimonio es para criar hijos para el cielo", cuando pueden más bien convertirse en "hijos para el infierno" por la falta de la preparación para educarlos. El cura célibe, fácilmente ordena a otros tengan hijos sin preocuparse de cómo los van a sostener y educar. El mismo, por lo general, no va a ayudar a sostenerlos.

El Vaticano II dedicó unos parágrafos al Carácter sagrado del matrimonio y de la familia, al amor conyugal, a la fecundidad del matrimonio, cómo el amor conyugal debe compaginarse con el respeto a la vida humana. No toca el tema de la regulación de la natalidad por mandato del Papa Pablo VI. Apenas dice: "No es lícito a los hijos de la Iglesia, fundados en estos principios, ir por caminos que el Magisterio, al explicar la ley divina, reprueba sobre la regulación de la natalidad". El Papa nombra una Comisión para estudiar el asunto y haciendo caso omiso de los estudios de esa Comisión, publica la Encíclica "Humanae Vitae" (Vida Humana), 1968, en la que prohíbe el uso de todas las invenciones creadas por la inteligencia humana para limitar los nacimientos.

Reitera la doctrina tradicional de que la contracepción es inaceptable, no hay manera de que un católico pueda practicarla legalmente. La posición del Papa es absoluta. Pero la práctica entre los católicos fue diferente; el control de la natalidad se había propagado en Europa y América y en los países del Tercer Mundo con la connivencia de Obispos y sacerdotes. Para nadie era un secreto el uso de la píldora que había revolucionado el pensamiento acerca de la contracepción. La Encíclica fue vista por muchos como el entrometimiento del Papa en materias concernientes virtualmente a cada persona en su intimidad. Las Conferencias Episcopales de Holanda, Alemania, Austria, Francia y otras apoyaron al Papa, pero declaraban que la contracepción era una materia de la conciencia individual. Y la Encíclica no se compadecía con la angustia de muchos católicos que no podían tener más hijos y que al mismo tiempo querían seguir siendo fieles hijos de la Iglesia.

La Iglesia no ha cambiado en esta materia, pero me atrevo a afirmar que son muy raros los católicos que se sienten culpables cuando practican el control natal. Ya no les pasa por la mente la prohibición de condones, pastillas, dius, u otros métodos contraceptivos e incluso la obstrucción de las trompas en la mujer o la vasectomía en el hombre. Es más culpable es el que produce hijos irresponsablemente y por casualidad.

Lo más importante para la Iglesia y para todas las personas que dirigen la sociedad, es educar a la gente en el proceso generativo. Que fácil es procrear, pero que difícil es ser padres y madres de verdad.

Jesús Mario Murillo

El Catolicismo ha sido pensado sobre la base de la teoría de los "dos mundos": el mundo espiritual y el mundo material. La Iglesia anima el fervor y la práctica religiosa del mundo espiritual pero descarta su inmersión en el mundo material. El resultado es que la Iglesia no hace nada para ayudar a hombres y mujeres en sus problemas materiales. Se concentra en los pecados personales y en la salvación personal, nunca en el pecado social y en la salvación de toda la sociedad. Llama "secularizado" o "comunistoide" al que se envuelve en esta actividad. Y fue el mismo Pablo VI el que dijo después del Concilio que la Iglesia había dejado la teoría de los dos mundos, que por el contrario estaba mirando al hombre como un ser integral, necesitado de la salvación y liberación tanto material como espiritual. Sí, explica Pablo VI, la Iglesia quiere el bien espiritual del hombre y quiere trabajar igualmente por su bien material - por su liberación de la pobreza y esclavitud económica y dominación política.

La realidad que vivimos ahora es un paso atrás de esa interpretación del Concilio y en vez de salir de la base de esta unitaria visión del hombre la de la Iglesia "Pueblo de Dios" se destaca de nuevo la jerarquía de la Iglesia de Roma y es esta la que prevalece. Y por eso se deja de nuevo al pueblo a su destino de miseria e ignorancia. Es la autoridad del Pueblo de Dios la que debe prevalecer.

Ese mismo pueblo se está defendiendo: está aprendiendo y está tomando decisiones, por el proceso natural de la conservación de la especie. No puede seguir la carrera desbocada hacia la natalidad sin darse cuenta de sus capacidades para conservar la dignidad de la vida.

TRIGESIMOQUINTA CONFERENCIA

MATRIMONIO, COMUNIDAD DE SALVACIÓN

1. Las notas características del matrimonio, amor fecundo, unidad, indisolubilidad, se ponen divinamente en el simbolismo sacramental. El rito mismo del matrimonio es un signo externo de la alianza que hacen los contrayentes de su amor interno e invisible que mutuamente se profesan.

El amor fecundo, indisoluble de Cristo, jefe y defensor de la Iglesia, su única predilecta y santa esposa, y el amor fecundo, constante y obediente de la Iglesia para con Cristo, representa el pacto de unión matrimonial de los casados y lo que se han de esforzar por reproducir en la vida.

2. Los Sacramentos son modos distintos de encontrarse con Cristo. Ellos son los instrumentos con que el Padre nos acoge de distintas maneras por medio de Cristo, en el Espíritu Santo y nos configura según la imagen de su Hijo Encarnado. Así instaura su reino en nosotros.

La Comunidad con Cristo, fortalecida por los diversos sacramentos implica modos respectivos de incorporación y por tanto, ordenación a los demás miembros de la comunidad. Esto se ve realizado plenamente en el matrimonio-sacramento. Cristo es el signo del Padre, Cristo significa y nos entrega al Padre. Cristo usa gestos y palabras: el gesto supremo es su muerte y resurrección. Cristo en la ascensión dejó de ser visible para nosotros. Entonces Cristo visible entre nosotros es la Iglesia. El pueblo de Dios. Y la Iglesia es el Sacramento original de Cristo.

Dios se comunica a nosotros por otros, por los hombres y por la materia (nuestra santa madre la materia, en palabras de Theilard). El Sacramento es un símbolo porque realiza eso que significa: la gracia se entrega mediante estos signos y por los Sacramentos distribuidos en los momentos más importantes de la vida.

El Matrimonio es una cita con Dios a través del otro. Es un encuentro con Jesucristo. La amistad con Cristo se conserva y se aumenta en estos encuentros. Son signos sensibles que confieren lo que significan a través de la materia. El agua significa purificación. El matrimonio significa la unión de Cristo con la Iglesia. La mujer es la Iglesia.

3. El encuentro entre el hombre y la mujer es el primero para el que está capacitado el ser humano de manera natural. La unión con Cristo configura ese encuentro. También en su cualidad de varón o de mujer está el hombre configurado a imagen de Dios. La comunidad con Cristo penetra también la ordenación mutua de la pareja: es una fuerza superior la que fluye entre el hombre y la mujer.

El matrimonio significa, pues, una conformación y carácter especiales de la comunidad que abarca a todos los bautizados. Es una especialización de su unidad, una derivación de ella. Esta transformación ocurre siempre que un hombre y una mujer se dirigen el uno a la otra para unirse perfectamente entre sí.

El aspecto sacramental es el más importante en el matrimonio cristiano. Este signo no es un adorno que se le cuelga al matrimonio perfecto, sino que es el poder y la fuerza que configura la unión. Es una ley confirmadora de gracias a la cual el hecho natural llamado matrimonio, es sumergido en la gloria de Cristo resucitado. Por eso el matrimonio debe ser comprendido desde su sacramentalidad.

4. Son los mismos desposados los que se administran a sí mismos el sacramento, al darse en la debida forma, es decir, ante la comunidad y su presidente, la palabra de mutua fidelidad, por la cual entran en el estado del matrimonio, tal como Dios lo instituyó. Por otra parte, sabemos que el hombre ha recibido de Dios la potencia de amar. Cristo es la presencia corporal, visible, plenamente visible del amor de Dios. Por medio de la unión hipostática (Dios-Hombre), Cristo es la Alianza visible, la gracia de Dios corporalmente presente. Después de la unión hipostática, la unión más profunda que existe en la naturaleza es la del hombre y la mujer, en la alianza del amor. Pero esta alianza es verdadera y auténtica, en Cristo. Cristo es el Sacramento del encuentro. Decir que Cristo es Sacramento, es decir que Cristo es un encuentro entre Dios y el hombre.

5. Misión Pastoral.

a) Los desposados se administran a sí mismos el Sacramento del matrimonio. Esta verdad expresa elocuentemente la mutua relación Sacerdotal y Pastoral en que se colocan. Lo que es el sacramento del orden para el Sacerdote es de algún modo el sacramento del matrimonio para los esposos cristianos: ambos equipan al cristiano para determinada función pastoral. Pero la misión pastoral de los últimos, no les arranca de su círculo natural; precisamente todo lo contrario del sacerdote, en ellos simplemente añade al deber ya existente del amor mutuo, un nuevo sentido, el pastoral.

b) La vocación del matrimonio cristiano es vocación a desempeñar un perpetuo ministerio divino, con el fin de que Cristo viva entre ambos cónyuges. Si los padres tienen ya una misión que cumplir con sus hijos, la consagración sacramental les confiere con respecto a ellos, una misión sacerdotal.

c) Los esposos cristianos que en presencia de Dios y de la Iglesia, intercambian el "Sí" de su amor y fidelidad, no entran únicamente como receptores de la gracia; ellos mismos son mutuamente el uno para el otro, medio e instrumento vivo de la gracia y caridad divinas. Mediante el consentimiento matrimonial, por el que se da el "Sí" el uno al otro, reciben y se administran al mismo tiempo el Sacramento.

d) El Sacramento del amor, del amor de los esposos entre sí y el de ambos a los hijos, es por voluntad de Cristo, símbolo de su compromiso amoroso con la Iglesia. Los esposos se administran ellos mismos el Sacramento; el mutuo amor debe convertirlos en compañeros y colaboradores en su camino hacia Dios.

Cada uno de ellos debe ser para el otro y ambos para sus hijos. Todo lo hermoso, lo bueno, lo alegre, cariñoso o amargo que encierra el matrimonio y la familia, todo ha de ser integrado en el orden de la salvación.

e) La intimidad, ternura y fervor de su cariño, su mutua comprensión y paciencia y solicitud por el otro, los hará crecer en el amor de Dios. Hombre y mujer son imágenes de Dios y como Dios es amor, ser imagen de Dios significa, manifestar su amor, ser participación de su amor.

Todo hombre está llamado a convertir todo su ser y todas sus obras en copia viva del amor que Dios le ha infundido, haciéndose cada vez más semejante a El. Pero esto obliga de manera especial al hombre y a la mujer que han contraído matrimonio. Qué bueno ha de ser Dios, qué felices serán en el amor de Dios, si ya ahora el amor del esposo hacia la esposa y de ella hacia el esposo es tan grande y los hace tan felices.

f) Así el padre y la madre tienen respecto a sus hijos la misión verdaderamente sacerdotal de darles a conocer, de forma inmediata original, el amor de Dios, a un tiempo paternal y maternal, tierno, justo y misericordioso.

La conducta de los padres entre sí tiene capital importancia para orientar las relaciones de estos con Dios. Si el padre da el ejemplo de ser malo, no puede enseñarles a sus hijos que Dios es una Padre bueno ya que no se apartará del subconsciente del hijo el temor al padre tirano. Así, los padres tienen que ser los primeros predicadores del Evangelio del amor. No han de quedarse solo en puros moralizadores, más bien deben esforzarse por hacer conocer y comprender a los pequeños de una manera atrayente la voluntad de Dios como expresión de su amor.

g) Deben además rezar unos por otros y los dos juntos ayudarse a formar una visión cristiana de todos los problemas de la vida. Se debe formar una verdadera comunidad de oración, comunidad litúrgica, Iglesia doméstica, por la participación comunitaria del sacrificio y del banquete eucarístico. Así los problemas mas difíciles y enconados de la vida matrimonial revestirán un nuevo aspecto cuando los cónyuges tengan viva conciencia de la gran misión del Sacramento, al convertirlos uno para el otro en el más "próximo", el más obligado a velar por la salvación del otro. Recordemos que nos perdemos o nos salvamos en "racimo": salvación comunitaria que se consolida en el seno de una familia que se consagra a la mutua santificación. Es la Iglesia en pequeño: todo es adoración a Dios, Creador y Redentor y al mismo tiempo testimonio para los demás hombres, para que se busque en el amor ante todo la gloria de Dios.

h) Amor y fidelidad. Se debe trabajar muy seriamente para que también la opinión pública apoye la fidelidad conyugal, la indisolubilidad y la santidad del matrimonio. Solo cuando tanto en la vida privada como en la pública, lleguen a significar algo la veracidad, la lealtad y el honor, se tendrá en gran aprecio dentro del matrimonio a esa misma fidelidad, viendo en ella el fundamento de toda vida social.

Jesús Mario Murillo

TRIGESIMOSEXTA CONFERENCIA

1. El sacramento del Matrimonio es un Sacramento instituido por Cristo.

El Matrimonio instituido desde el principio del mundo por el Espíritu Divino (Gen.2, 23-24) es elevado por Cristo a la dignidad de Sacramento, es decir, de signo sensible mediante el cual se confiere la gracia divina. Cristo confirmó la firmeza de este vínculo y lo declaró lícito, honesto, bueno (Mc10, 9).

Cristo con su muerte y resurrección adquirió la gracia que perfecciona el amor natural, que redime la materia y por lo tanto al sexo en su materialidad, redime el amor y además confirma la unidad. Es sacramento grande en Cristo y en la Iglesia (Ef. 5,32). El Sacramento del matrimonio es la nueva Ley que aventaja a las antiguas nupcias (Jn.2, 11). Cristo reprende las malas costumbres introducidas al matrimonio por los judíos. (Mt.19, 6).

2. La sacramentalidad del matrimonio está prefigurada en el Antiguo Testamento.

a) Según Gen. 1,27; 2,16-24, Dios mismo creó el matrimonio y ordenó y destinó al hombre y a la mujer a ser el uno para el otro. Los creó distintos y con cualidades mutuamente complementarias para que formaran al ser humano y fueran uno solo. La comunidad matrimonial se funda en la diversidad de sexos y está destinada a la unión sexual y cordial del varón y la mujer.

b) Cristo dijo que Dios mismo había unido al hombre y a la mujer. Y por eso dice: "Lo que Dios unió el hombre no lo separe". El matrimonio por ser de institución divina, es una representación y revelación de la gloria divina, del amor divino, es por ende signo de la gracia. Tal vez la semejanza con Dios tiene que implicar al mismo matrimonio, pues dice el Génesis que Dios creó al ser humano a imagen suya y lo creó hombre y mujer. La semejanza con Dios dice relación al amor de Dios y no a la determinación sexual, pues es esencial a Dios no tener cuerpo y por tanto no tiene sexo. De todos modos no queda la menor duda que el matrimonio tiene su prototipo en Dios.

c) La Comunidad Trinitaria de Dios, que consiste en la corriente del amor recíproco entre el Padre y el Hijo, en el Espíritu Santo, es la realidad primera y originaria, representada analógicamente en el matrimonio. Es la dinámica del matrimonio: Padre, Madre (Espíritu Santo) e Hijo.

Por el mal uso de la libertad, el matrimonio se deformó junto con la Creación, pero incluso en este estado conserva su ser creado por Dios y no deja de representar el instrumento del amor de Dios, que está actuando en todo matrimonio. De aquí que el matrimonio se considere como algo santo y se rodee de fiesta.

d) Eva no iba a ser ayuda de Adán solamente en lo material sino también en lo espiritual.

Esta es prefiguración de la sacramentalidad matrimonial. Según San Pablo, el texto del Génesis no solo expresa la institución del matrimonio humano, sino preanuncia la comunidad entre Cristo y la Iglesia, prerevelada en el matrimonio; el texto del

Génesis es una promesa.

Cuando Cristo vino y tomó a la Iglesia por esposa, se reveló quien era en definitiva el hombre que lo dejó todo por irse con su esposa. Entonces se aclaró qué significa convertirse en una sola carne. En la relación Cristo-Iglesia, se cumple el límite de todo lo que había sido siempre alusión al matrimonio. La comunidad de varón y mujer era un proyecto de la comunidad Cristo-Iglesia.

e) La idea de "hombre" tiene su fundamento en la idea originaria del hombre-Dios, la posibilidad del hombre (no la realidad de hecho) estriba en la posibilidad del Hombre-Dios. Una vez concebido esto así, habría que agregar que el significado de hombre se halla en la fórmula: "Dios los creó hombre y mujer", era por voluntad de Dios, de antemano y solo de facto, hombre, en una humanidad bisexual. Habría por fin que decir que la voluntad con la que Dios quiere que haya humanidad, es ya necesaria y formalmente su voluntad implícita de que haya Iglesia.

Pensando a fondo todas estas cosas que aquí solo hemos podido insinuar, se podría quizás poner en claro por qué en todos los tiempos el verdadero matrimonio lleva en sí una verdadera representación del amor que en Cristo une "a Dios con la Humanidad". (ver "La Iglesia y los Sacramentos", Karl Rahner).

f) La relación Dios-pueblo simbolizada en el matrimonio, se cumple en Cristo; el matrimonio natural es un signo de Cristo, es precursor. De esta manera puede compararse con el Antiguo Testamento, el matrimonio humano con la relación de Dios y el Pueblo. También hoy puede verse analogía entre el matrimonio y la relación Cristo-Cabeza y la Iglesia-Cuerpo.

3. Doctrina de la Iglesia

a) El Concilio de Trento ve "significado" en el texto citado Ef.5, el hecho de que Cristo "introdujo en el orden sacramental el matrimonio instituido por Dios en el acto de la creación". La palabra mysterium (en latín sacramentum), no se puede aducir en favor del carácter sacramental porque la palabra solo tuvo el sentido concreto de hoy en el siglo XIII.

Sin embargo la sacramentalidad puede deducirse de la descripción de Pablo; él no quiere instruir sobre el carácter sacramental del matrimonio sino que quiere inculcar rectitud en la conducta recíproca que les exige la comunidad con Cristo; se fundamenta en el misterio íntimo del matrimonio.

El matrimonio no sacramental pero válido está iluminado en cierto sentido por la gloria de Cristo, porque todo lo creado esta en relación con El; pero no tiene la fuerza y el esplendor de la gloria de Cristo que se concede en el Sacramento.

El "Sí" del Sacramento del matrimonio representa una de las realizaciones fundamentales de la Iglesia, porque en este "Sí" de sus miembros, la Iglesia misma se representa como el misterio de la unidad entre Cristo y los hombres.

b) El hecho de que Cristo mismo predicara al mundo el mensaje sobre el matrimonio (Mt.19, 6), alude a su carácter sacramental, es decir, a su eficacia para conceder la gracia. Entendido el matrimonio como elemento del Reino de Dios, instaurado por El, como signo eficaz del Reino del Amor de Dios. La sacramentalidad del matrimonio es más que una bendición que da la Iglesia a sus hijos, es un cambio decisivo de camino; es más que una fiesta; es la plenitud de la unión matrimonial con la gloria de Cristo. Es el símbolo del acto Dios-pueblo.

c) En este sentido, matrimonio plenitud, condena Pablo a los enemigos del matrimonio (I Tim. 4,1-5). El se refiere al dualismo según el cual el cuerpo es malo en sí y por tanto el matrimonio también. El uso del orden creado por Dios no es pecado; lo es, cuando se apodera del mundo egoístamente sin dar gracias a Dios.

Parece haber contradicción con I Cor 7,25: "Los que tienen mujer vivan como si no la tuvieran". No la hay; porque él mismo dice que no se trata de una revelación de Dios, no es precepto sino una opinión personal. Por otra parte el Apóstol esta imbuido por la creencia del próximo fin del mundo y por ello opina que no vale la pena empezar una nueva forma de vida. Pablo condena toda proscripción del matrimonio cuando habla como instrumento del Espíritu Santo.

4. El matrimonio, Sacramento de la Iglesia.

a) El sacramento del matrimonio es esencialmente un don de la Iglesia a sus hijos; a su turno ellos lo hacen por la donación de si mismos a la Iglesia. El carácter eclesial se manifiesta por la forma de administrarlo para su validez. Solo la Iglesia puede determinar la forma y los impedimentos; porque el sacramento del matrimonio tiene en la Iglesia una determinada función para su plena constitución y para la plena realización de su ser, de modo que la razón objetiva de su sacramentalidad es a su vez para nosotros la razón de conocer su función en la Iglesia. Es la participación del ser total de la Iglesia en la Iglesia en pequeño; en una palabra, la más pequeña Iglesia es en parte verdadera Iglesia particular.

b) El Estado en realidad solo interviene en los efectos civiles. Porque el matrimonio no es solamente un contrato natural al que se viene añadir el carácter de sacramento.

Es el mismo contrato matrimonial el que se convierte en sacramento para el cristiano. Ver Gaudium et Spes en el #48: "Cristo Nuestro Señor bendijo abundantemente este amor multiforme que brota del divino manantial de la caridad y que se constituye según el modelo en un pacto de amor y fidelidad, así ahora el Salvador de los hombres y esposo de la Iglesia, sale al encuentro de los esposos cristianos por el Sacramento del Matrimonio".

5. Los llamados matrimonios mixtos.

Se llaman matrimonios mixtos los realizados entre católicos y no católicos (mixta religión) o de católicos con infiel (disparidad de cultos). El Concilio Vaticano II ha creado un ambiente de ecumenismo y por tanto la Iglesia no ve estas uniones con la misma preocupación que antes. Lo que pasa, sin embargo, es que modos diferentes de pensar tornan más difícil la comprensión y el amor que debe existir en las parejas. En especial cuanto se refiere a la filosofía de la vida que es la religión. La religión hace parte de la cultura de mucha gente Puede haber muchos más malentendidos entre personas de diversa religión y cultura. No quiere decir que no haya casos de personas de diversas culturas y religiones y países, que se aman y pueden llegar a vivir una buena relación. Ellos pueden convenir amigablemente una forma litúrgica para realizar su matrimonio.

TRIGESIMOSEPTIMA CONFERENCIA

EL MATRIMONIO: VOCACIÓN

1. ¿Qué es vocación?

Esta palabra se ha monopolizado para la vocación religiosa y sacerdotal, pero no debe ser así. También se extiende a otras profesiones. Es como una llamada especial a un estado de vida y a un servicio. Una de las grandes deficiencias de la vida matrimonial es que pocos casados consideran que su estado es un llamamiento o una vocación divina.

El matrimonio exige una llamada especial de Dios a aquel que aspira al estado matrimonial. No es una alegre aventura, sino un camino alto y serio, situación importante e influyente en la vida de los seres humanos.

2. El concepto vocación encierra tres elementos:

a) Llamamiento: es una invitación a seguir determinada carrera y oficio, que puede nacer del interior de la conciencia o por un impulso exterior.

b) Inclinación natural y especial: es decir, no basta el llamamiento general. Debe sentirse una inclinación especial individual.

c) Aptitud: es la posesión de las cualidades y requisitos exigidos para el ejercicio de un determinado estado. De un modo particular, "la vocación es el estado de vida al que Dios llama y el querer de Dios manifestado por los deberes e ideales que encierran ese estado".

3. El matrimonio vocación.

a) Aunque es una idea nueva, sin embargo, este concepto no ha penetrado suficiente en el campo cristiano. Por eso es conveniente que aprendamos a usarla para hacerla familiar a los padres y a los jóvenes. Pues el matrimonio tiene a Dios por autor.

De manera especial es importante que los sacerdotes y educadores usen la palabra vocación en un sentido propio, que incluye por igual al matrimonio y a la virginidad y al sacerdocio. Porque evangélicamente no está ligado el sacerdocio al celibato, aunque la autoridad eclesiástica sí lo haya hecho. Sabemos que muchos de los Apóstoles y discípulos eran casados y que posteriormente los Obispos y Sacerdotes lo eran también.

b) El matrimonio es un llamamiento a un hombre y a una mujer. Quiso Dios que el hombre fuera la cabeza y la mujer el corazón. El hombre debe tener en cuenta su condición de padre y de jefe: "El hombre es la cabeza de la mujer, como Cristo es la cabeza de la Iglesia" (Ef.4, 23). Para realizar esta vocación de maternidad, la mujer debe atesorar grandes riquezas de cariño, de orden, de ternura, de sabiduría y debe orientar su vida hacia esa familia que la rodea. Este hombre y esta mujer son considerados, pues, como verdaderas personas. El concepto de persona es el de un ser racional, libre, social y distinto. Sujeto por tanto, de sus propios actos y cualidades, individualizado por sus notas características y por tanto llamado por una comunicación especial que Dios les hace, a la vez que quiere que ellos tengan entre sí, propiedad en sus ideas, juicios y preocupaciones. Lo más importante para subrayar en esta vocación es su condición de "personas".

Si alguno de los dos no ve en el otro "la majestad de persona humana", con inteligencia y libertad, si en alguna forma lo reduce al estado de "cosa", no podría haber diálogo ni armonía.

c) Por tanto se trata de un determinado llamamiento que define y perfecciona a las personas, que las enfrenta, pero sin desfigurarlas y que, sin que la una absorba a la otra, los define en sus rasgos esenciales y los confirma en sus características y los desarrolla en sus potencialidades. Por esta unión se producirá la afirmación, desarrollo y perfeccionamiento de las cualidades personales de cada uno que harán más definitivo el intercambio.

d) El matrimonio es una vocación sagrada.

Es Dios, quien ha sembrado en la naturaleza humana los sentimientos e inclinaciones hacia el matrimonio. Es, pues, una obra de Dios. Por lo tanto el Señor lo puso a su servicio y lo tomó y lo confirmó y lo configuró como una vocación sagrada, una vocación que tiende a la santidad y que en el diario ofrecimiento de penas y alegrías hace una verdadera oblación santa, un papel sacerdotal, al mismo tiempo el oficio de maestro.

APÉNDICE

VIOLENCIA DOMÉSTICA

I - ¿QUÉ ES LA VIOLENCIA DOMÉSTICA?

La violencia doméstica es una llaga nefasta que afecta a muchos matrimonios en nuestra sociedad. Tanto más nociva cuanto menos reportada y castigada como se debe por las autoridades. Generalmente viene de parte del varón. La mujer no reporta por que tiene miedo. Si lo hace espera más violencia, como venganza por la denuncia. Y además teme verse abocada al problema económico a las amenazas de perder sus hijos y a veces hasta su derecho a permanecer en este país si del cónyuge violento depende su legalización.

La violencia doméstica es el control dominante y abusivo que una persona impone sobre la otra. Para dominar a su pareja, las personas abusivas emplean la violencia física, la violencia sexual, las amenazas, los insultos y humillaciones emocionales y la privación económica. La violencia doméstica es un comportamiento que causa daños físicos, establece un ambiente de miedo, le impide a la pareja hacer lo que desea o la obliga a hacer cosas en contra de su voluntad. Tanto las mujeres como los hombres pueden ser responsables de violencia doméstica.

II – LOS TIPOS DE ABUSO

1. ABUSO FÍSICO: incluye patadas y puñetazos en cualquier parte del cuerpo; cachetadas; arañazos; jalones de pelo; empujones; golpizas; el uso de armas,

a veces pegan en partes no visibles por la policía, como el estómago..

2. AISLAMIENTO: incluye un control total de su pareja; lo que hace, a quién ve, con quién habla o platica y a dónde va. Escucha sus llamadas telefónicas; abre su correspondencia.

3. ABUSO EMOCIONAL: incluye insultos y humillaciones de la persona; burlas; creando un ambiente cotidiano de miedo y terror.

4. ABUSO ECONÓMICO: incluye impedir que su pareja obtenga o mantenga un trabajo; obligarle a pedir dinero para sus necesidades; darle un gasto mínimo o gastar su dinero sin su permiso.

5. ABUSO SEXUAL: incluye forzar a la persona a que participe en actos sexuales en contra de su voluntad; atacar físicamente sus órganos sexuales.

6. USO DE LOS NIÑOS: incluye hacer que la persona se sienta culpable en su papel de madre o padre; usar los niños como "mensajeros"; amenazarla con quitarle los niños.

7. CONTROL DOMINANTE Y AMENAZAS: incluye hacer cumplir con sus amenazas de causarle daño físico o emocional; amenazar con abandonarla, con suicidarse o llevarse los niños, reportarla al departamento de Bienestar Familiar; exigir que retire sus cargos, forzarla a hacer cosas ilegales.

8. VALERSE DEL PRIVILEGIO DE SER MACHO: incluye tratar a la persona como sirvienta o como un objeto; tomar todas las decisiones; creerse o

comportarse como el rey del hogar.

9. INTIMIDACIÓN: incluye instigarle miedo a su pareja con la mirada, con los gestos, con el tono de voz; rompiendo y tirando objetos o destruyendo su propiedad, incluyendo su ropa; amenazarla con "echarle a la migra" o regresarla a su país de origen, etc.

10. NEGAR, CULPABILIZAR Y MINIMIZAR: minimizar el abuso; no tomar en serio las preocupaciones de la víctima, negar lo que ocurrió; echarle la culpa a ella y la responsabilidad por el abuso; decir que ella es la única culpable.

III - LA REALIDAD DE LOS HECHOS VIOLENTOS

Crímenes causados por odio, por celos, por pasión.

1. Muchas personas mueren debido a violencia interpersonal. De cada 10 mujeres asesinadas en los EEUU, 6 mueren a manos de un conocido o de un familiar. El 50% de esas mujeres son asesinadas por sus maridos o por sus amantes. La violencia está enraizada fuertemente en América. EEUU es uno de los países más violentos del mundo. Una cultura de violencia ha surgido y nos invade a todo nivel, en la intimidad de la familia, en la escuela, en el trabajo. Se hace la guerra y se juega a la guerra.

2. En muchos hogares se tienen armas de fuego y se permite que los adultos las usen y a veces hasta los niños y jóvenes. Hemos visto violencia en la escuela, en las calles donde abundan pandillas de jóvenes buscando venganza y se usa el arma para amedrentar a la mujer y a veces para matarla. Pocas veces es la mujer la que mata a su cónyuge.

3. Los factores que contribuyen a la violencia: lo que se ha aprendido en el hogar. El uso de la violencia para aliviar la frustración es común. La violencia es una conducta adquirida a través del aprendizaje. Los hijos ven cómo el padre insulta y maltrata a su madre y aprende el estereotipo sexista de que la mujer debe ser pasiva, sumisa, paciente y aguantadora de todos los abusos por el bien de los hijos.

4. Mujeres que no tienen el apoyo de sus padres. Por el contrario, se manejan frases religiosas: como el matrimonio es indisoluble, hasta que la muerte nos separe, pon la otra mejilla. Y dichos populares: Las penas con pan son buenas; aguanta golpes, dolor es tu cruz; si te golpea pero no es borracho y si es trabajador, dale gracias a Dios.

La necesidad por el poder y el control es la razón primordial de la violencia doméstica contra mujeres y niños. La sociedad y ciertos valores culturales la han apoyado. Es una combinación de varios factores: problemas económicos, pobreza, familia disfuncional, herencia de valores equivocados, padres que han vivido violencia familiar en sus hogares, sexismo, alcoholismo, droga, acceso fácil a las armas de fuego, glamourización de la violencia, una chispa puede producirla.

CICLO DE VIOLENCIA

Tiene tres etapas:

1) Cuando la tensión y las presiones aumentan. 2) Cuando la agresión se manifiesta con palabrotas, gritos y golpes y 3) el período del arrepentimiento y luna de miel.

I - LA ETAPA DEL AUMENTO DE TENSIONES

Esta etapa se caracteriza por un alto nivel de estrés y una serie de disgustos y asaltos menores. El agresor usa:

- Críticas hirientes

- Acusaciones de infidelidad

- Quejas infundadas

- Amenazas

- Regaños

Estos incidentes tomados uno por uno se pueden considerar de poca importancia. La víctima se echa a menudo la culpa de las "cosas no vayan bien". El agresor se comporta abusivamente y reparte:

- empujones

- bofetadas

- reclusiones

- aísla a la víctima de familiares y amistades

El tratamiento aumenta en frecuencia e intensidad. La víctima asume más y más la responsabilidad de "mantener la paz". Ella reporta con más frecuencia su ansiedad: "parece que todo lo que hago está mal". Todo lo que ella hace "mal" es la justificación para un pleito y en ocasiones la agresión se torna en un caso mucho más serio.

II - OCURRENCIA DE MAYOR AGRESIÓN

En esta etapa el agresor está fuera de control y la violencia se intensifica usando:

-Puñetazos, - estrangulaciones, - tirones fuertes del pelo, - golpes con objetos, -quemaduras con cigarros, - laceraciones profundas, - palizas y hasta asalto con armas.

Frecuentemente los asaltos son justificados solamente en la imaginación del agresor pero no tienen razón ni justificación basada en la realidad. Un encuentro con un hombre, inocente y sin importancia, puede provocar una letanía de celos, llena de acusaciones y al final una paliza.

La violencia en esta etapa requiere una atención médica. Cuando sucede por primera vez casi siempre toda la familia se da cuenta del problema del abuso. Los incidentes mas abusivos ocurren durante la tarde o noche cuando no hay lugar a donde ir. Si la persona trata de defenderse, es muy posible que sea castigada con una paliza más violenta. Retirarse a un silencio completo produce el mismo resultado.

III - EL PERIODO DE LA LUNA DE MIEL

Esta etapa le da a la víctima un "descanso" del peligro inminente. Ella puede "respirar", pero no siente alivio ni el temor desaparece. El agresor siente:

- remordimiento   - culpabilidad   - tristeza
- confusión

El se arrepiente y se disculpa y a menudo trata de reparar sus ofensas trayéndole flores, tarjetas, regalos, o haciendo algo que había prometido hacer desde hace mucho tiempo. El es sumiso y trata de usar las relaciones íntimas con su pareja para convencerla de que debe seguir con él. Mientras el ciclo de abuso continúa seguido con el período de luna de miel, él se va haciendo menos sensible y menos atento.

Gradualmente regresa al modo de comunicarse como antes, y la pareja se encuentra de nuevo en la primera etapa y en el aumento de tensiones en el que por último ocurrirá otro incidente de agresión seria.

IV - OTRAS CARACTERÍSTICAS DEL CICLO DE VIOLENCIA

- El ciclo de violencia se caracteriza por ser repetitivo.

- El tiempo entre un incidente de agresión va disminuyendo mientras el grado de violencia se va intensificando.

- Cada pleito doméstico puede pasar de unos cuantos "golpecitos" a un homicidio.

- Este es un ciclo vicioso que no tendrá fin si no se aprenden técnicas para cambiar la situación.

Hay un gran desacuerdo en el concepto de que la violencia se presenta en ciclos. Además, las mujeres abusadas no reportan el período de luna de miel. Ellas creen que es un mito muy peligroso. Algunas solo recibieron flores en el cementerio.

CREANDO CONCIENCIA A TRAVES DE LA EDUCACIÓN

De acuerdo con el educador brasileño Paulo Freire, en cualquier sociedad los seres más débiles y explotados se encuentran abajo, en la base de una pirámide y arriba, en la punta, con casi todo el poder económico, social, etc., los pocos privilegiados.

En el nivel más bajo de esta pirámide del poder en la estructura social se encentran las mujeres y los niños.

Freire explica que para terminar la explotación hay que 1- aprender a pensar críticamente y 2- a retar y a analizar pensamientos y creencias que dañan a los débiles.

Por ejemplo: el creer que las cosas son así (pensamiento rígido) y que no pueden cambiar. Así es como el hombre está hecho y la mujer es diferente. Como el hombre tiene más poder social y generalmente físico, el poder puede ser usado por él para controlar, dominar y subyugar a la mujer. El primer paso para cambiar es pensar críticamente y el segundo analizar esta creencia.

El poder y el control pueden ser abusados por cualquiera de nosotros ya que en cualquier momento cambiamos de posición en la estructura de la pirámide.

Una vez encontré en un camino a un hombre campesino pegándole a su mujer. Yo le llamé la atención: "Por favor, no le pegue!" Y ella reaccionó diciéndome: "Déjelo, sumercé, que para eso es mi marido".

¿Cuál crees tú que es el daño que se causa con este tipo de creencias? Date cuenta que no solo la mujer está en posición desventajosa, sino que se da permiso social al esposo para llevar a cabo un acto de violencia, algunas veces mortal.

Freire creó el concepto de crear "conciencia". El creía firmemente que la única forma de evitar la explotación es a través de la educación creando conciencia social y la conciencia de su dignidad como ser humano.

PERSPECTIVA HISTORICA - IMPACTO SOCIO

CULTURAL EN LA MUJER LATINA

Para entender la evolución de la dominación patriarcal y el abuso de la mujer, tenemos que remontarnos a nuestros orígenes pre-hispánicos.

Antes de la llegada de los europeos al continente americano, LA MUJER/La Hembra, entre nuestros antepasados con sus maravillosas y avanzadas civilizaciones, ocupaba puestos de gran importancia, su poder y posición era igual o mayor que la del hombre. COATLICUE, la diosa madre de la Tierra y madre de Huitzilopochtli, el dios del Sol, es un clásico ejemplo del poder social, del prestigio religioso y de la importancia otorgada a la mujer antes de la conquista española.

LOS MOROS – INFLUENCIA EN ESPAÑA

Desgraciadamente, para la mujer latina, la conquista e invasión española trajo actitudes que devalúan a la mujer. La posición social de prestigio y respeto que la civilización Meso-americana otorgaba a la mujer, fue eliminada.

Los españoles habían sido conquistados y dominados por los árabes (Moros) por 800 años antes de llegar a América. Consecuentemente la conducta y las actitudes sociales sobre la mujer y las raíces del machismo fue nuestro legado histórico y se remonta a miles de años atrás.

EL MACHISMO - LA SUBYUGACION Y ABUSO DE LA MUJER

La palabra macho significa textualmente masculinidad, o ser hombre. Los sociólogos han investigado cómo el machismo se refleja en el poder físico y sexual. En esta forma estos atributos crearon la base del orgullo de ser macho.

Debido a nuestra herencia cultural católica española-morisca, se siguen las siguientes consecuencias:

1 - Celos (nupciales) y la mujer como propiedad

2 - Venganzas: el honor de la familia

3 - Privilegio y responsabilidad (del 1er varón) el primogénito; El hermano como defensor del "honor" y la virginidad;

4 - El patrimonio: las hijas son propiedad del papá y puede otorgar permiso para el incesto.

5 - La obsesión sexual del hombre con la mujer (fruta prohibida);

6 - El romance: la objetivación de la mujer como engrandecimiento, virilidad y poder social del hombre;

7 - Los orígenes del "racismo" (hermano del sexismo).

Los celos, la objetivación de la mujer y los otros ejemplos citados, han sido metódicamente integrados en nuestros valores sociales, morales y culturales. Son síntomas de una desvalorización de la mujer que se ha perpetuado a través de las siguientes prácticas:

1 - La religión (Dios es hombre)

2 - Socio-económica (heredar a través del padre);

3 - Económica: en la actualidad, al hombre se le paga un dólar más que a una mujer por el mismo trabajo. Este salario se basa en que el hombre es el proveedor

de la familia.

4 - El matrimonio, a través del cual la mujer se encuentra financiera, sexual y/o emocionalmente dependiente del hombre (generalmente el padre de sus hijos). Con la idea del romance, se convierte a la mujer en "objeto de deseo". Su valor social se comercializa; dependiendo de los gestos y regalos del enamorado.

En el grupo es importante aceptar que somos capaces de cambiar el proceso de socialización. El movimiento liberador entre las mujeres, apoyado a nivel mundial lucha por la liberación de ambos sexos. (Tino Esparza Counseling Center).

CICLO DE IGUALDAD

El Ciclo de Igualdad comprende una serie de condiciones a cumplir:

RESPETO. Se debe aprender a escuchar sin juzgar. Valorar opiniones. Brindar comprensión y apoyo.

CONFIANZA. Apoyar sus metas. Respetar el derecho a tener sentimientos propios, amistades, actividades, opiniones.

HONESTIDAD Y RESPONSABILIDAD. Aceptar la violencia pasada. Responder por sus actos. Admitir errores. Comunicación Honesta y Franca.

PATERNIDAD RESPONSABLE. Pensar para procrear. Compartir responsabilidades paternales. Vivir sin violencia para poder ser un modelo positivo de padre y madre.

TRABAJO COMPARTIDO. De común acuerdo

distribuir el trabajo en forma justa. Hacer juntos las decisiones familiares.

COOPERACION ECONÓMICA. Hacer juntos las decisiones sobre el ingreso familiar. Asegurar en beneficio de ambos el convenio económico.

NEGOCIACIÓN JUSTA Buscar mutuamente soluciones justas. Aceptar cambios. Ser flexible. Aceptar un pacto que satisfaga a ambos.

CONDUCTA NO AMENAZANTE. Hablar y comportarse de tal manera que ella se sienta segura y cómoda para que pueda expresar su sentir y actuar libremente.

I - EL ARTE DE ESCUCHAR

Para poder trabajar en forma cooperativa el hombre tiene que dejar de creer en su privilegio social de poder y control. Históricamente se ha esperado que la mujer aprenda a escuchar al hombre; sin embargo no se espera que el hombre escuche a la mujer. Debido a esto no queremos poner otra responsabilidad en la espalda de la mujer. Ni queremos que el arte de escuchar sea trasformado en otra táctica de control.

Las siguientes conductas son incluidas cuando uno quiere comunicarse:

1. Deja de hablar. Si estás hablando, no puedes escuchar.

2. Mira a los ojos cuando te hablan....su cara, ojos y manos pueden ayudarte a escuchar su mensaje mejor. Si pones atención, la persona sentirá que de veras está siendo escuchada.

3. Concéntrate en el mensaje. Pon atención en la idea principal, las palabras, los sentimientos relacionados con el mensaje.

4. Mantén tus sentimientos en perspectiva. Tus sentimientos pueden prevenir/interrumpir el arte de escuchar. Controla tu enojo, si se te tiene miedo no se te dará un mensaje completo.

5. Pregunta cuando no entiendes o cuando necesites aclarar algo.

6. Ponte en su lugar; trata de entender su posición. Identifícate con su mensaje.

7. Sé honesto. Di la verdad y acepta las consecuencias, pero no exageres ni minimices lo que has hecho o dicho.

8. Elimina las distracciones; deja el periódico, la televisión. Ellos te distraen.

9. No interrumpas, sé paciente, da tiempo para que digan lo que te quieren decir. Si tienes que interrumpir, sé cortés y pide permiso.

10. Escucha el mensaje no verbal. Los gestos dicen más que las palabras, el mensaje emocional y tu reacción puede se más importante que el mensaje hablado.

11. Evita el adivinar; el presuponer se interpone en la comunicación, obscurece el entendimiento y crea desacuerdos.

Óyeme.......Quiero decirte algo...... Escúchame!

II – ACTITUD POSITIVA

El hombre objetiviza para que pueda abusar sin sentirse culpable. Se ha demostrado que a través del lenguaje uno visualiza imágenes positivas y respetuosas y viceversa.

En este ejercicio se le pide a usted que utilice adjetivos calificativos que incluyan aspectos positivos de su compañera.

MUJER, TÚ ERES (se puede usar el nombre de ella para ser más realista)

Admirable --- conforme --- amistosa --- capaz --- cortés --- buena --- tierna --- caritativa --- sociable --- heroica --- serena --- divertida --- interesante – dulce ---competente --- atrevida --- amorosa --- eficaz --- devota --- generosa --- fina ---honorable --- orgullosa --- saludable --- dadivosa – hacendosa --- cabal – útil --- fuerte --- amable --- cariñosa --- tenaz --- justa --- franca --- optimista --- fina --- paciente --- moral --- honesta --- alegre --- estable --- segura --- fija --- confiable --- alegre --- cálida --- simpática --- afectuosa --- amigable --- audaz --- agradable --- cooperativa --- razonable --- hábil --- consoladora --- sabia --- jovial --- fiel -- cuidadosa --- fraternal --- dedicada --- segura --- decidida -- excelente --- increíble – consciente -- sincera.

Todo este léxico usado a su debido tiempo, y con honesta sinceridad podrá ser un sedativo muy oportuno y necesario para comenzar una nueva vida.

III – MI PROPÓSITO – ASUMIR RESPONSABILIDAD

*Debo contar con ella. Limitaré mi contacto con mi compañera si ella lo desea. Si ella quiere separarse o terminar nuestra relación, respetaré su deseo.

*No usaré ninguna información que yo tenga de ella para perjudicarla. Mi propósito es el de no abusar de la confianza que ella me otorgó,

*Prometo seguir siendo responsable económicamente y darle ayuda para mantener a los niños y a ella.

*Le reembolsaré por todos los gastos financieros en que incurra a causa de mi violencia. Esto incluye: - Daño a la propiedad – gastos médicos – costos de mudanza – pérdida de su sueldo.

*No manipularé a nuestros hijos o a ningún otro familiar con la intención de controlarla o perjudicarla.

*Les diré la verdad a nuestros hijos y aceptaré responsabilidad por haber perdido el control.

*Les pediré perdón por haberlos dañado con mi conducta violenta.

*Enmendaré todas las informaciones o impresiones falsas que he dado sobre mi violencia y descontrol a las siguientes personas: mis familiares, mis amigos, los vecinos, compañeros del trabajo.

IV – PATERNIDAD RESPONSABLE

Siempre se debe pensar antes de obrar y medir las consecuencias de nuestros actos. Hacer el amor no es lo mismo que hacer el sexo. Si hay amor, hay responsabilidad. Sexo solo es simple reacción biológica. Trae por lo general la generación de hijos no queridos.

En un ambiente de violencia doméstica el niño es el más afectado. Los traemos a un mundo aterrador. Cuando un niño presencia violencia con sus múltiples actos esto constituye abuso psicológico y emocional. Vive en terror. Un niño se espanta y atemoriza cuando un adulto crea un clima de violencia al gritar, al agredir, golpear y herir a la madre. Además, cuando el niño quiere interceder o ayudar protegiendo a la víctima, el adulto acaba asaltando al niño físicamente o verbalmente insultándolo con adjetivos humillantes y atemorizándolo con amenazas.

Es vivir en un ambiente de alto riesgo. Inadmisible porque no es humano.

V – TRABAJO COMPARTIDO

Casi la mayor parte de los oficios de la casa los hace la esposa, si solo el hombre trabaja. A veces ella trabaja. Por lo tanto éste debe ayudar en la

atención a los niños y en otros quehaceres. Hay hombres que no consideran a la esposa que ha estado ocupada el día entero y que ahora tiene que servir la cena, lavar los utensilios, etc. Y no le dan descanso. Eso no es justo. Todos en casa tenemos que ayudar y no esperar todo de la madre. Debe haber un trabajo compartido.

VI – COOPERACIÓN ECONÓMICA

Los bienes en el matrimonio deben ser comunes. Para eso se ha formado una comunidad económica. Debe crearse una unión global que integre todos los bienes y que ambos tengan igualdad de derechos para usarlos en bien de la familia. El marido no debe aprovecharse de controlar las cuentas con el pretexto de que él es quien trabaja. La mujer hace los oficios de la casa y ese es también trabajo que a veces no reconoce el varón.

La ley en casi todos los países es clara en el sentido de que los bienes son de ambos (mitad y mitad). Compartidos con los hijos cuando los haya.

VII – NEGOCIACIÓN JUSTA

Ambos deciden. Es un acuerdo mutuo. El agresor debe ceder la mayoría de las veces en favor de la víctima. Buscar ayuda, por ejemplo, para dejar la bebida, las drogas, para controlar su temperamento, curso sobre violencia. Debe haber un acuerdo sobre la clase de amigos/as, reuniones, relaciones sociales, los familiares, y ponerse de acuerdo sobre la disciplina de los hijos, los viajes.

En el área de las decisiones, se deben tener en cuenta puntos importantes: dónde vivir, el trabajo, si tenemos hijos y cuántos, reglas para educar a los hijos, el tiempo que pasamos juntos, cuánto con la familia y cuánto con los amigos, cuándo hacer el amor, las prioridades en el uso del dinero.

VIII – CONDUCTA NO AMENAZANTE

Después de una justa negociación es absolutamente imprescindible que cese toda amenaza y que se restablezca el respeto y la paz. Si no hay garantías de que se van a respetar los convenios, sería necesario optar por la disolución de la pareja. Para eso la víctima debió haber hecho los planes necesarios para llevar a cabo la separación de un modo favorable. Sitio donde vivir, ayudas económicas disponibles, seguridad y bienestar de los hijos. Al niño no le conviene vivir en un ambiente de abuso. El niño imita la conducta agresiva y socialmente repetirá el ciclo negativo en contra de la mujer o del débil. No solo la mujer es la víctima del ofensor. También el niño es abusado emocionalmente por el padre abusador al presenciar el abuso, lo llena de miedo e inestabilidad y es influenciado negativamente.

Una conducta no amenazante, hablando y actuando en una forma que la víctima se sienta fuera de peligro y pueda expresarse y actuar libremente, hasta tener el derecho de enojarse.

Hay que acrecentar y fomentar los valores que promueven el respeto a la mujer. El lugar privilegiado que debe ocupar en el hogar y en la sociedad.

CONCLUSIÓN

La sociedad, encabezada por los poderes públicos, debe dar la garantía de civilidad y respeto por la mujer. Se deben crear leyes más fuertes y drásticas para castigar la violencia doméstica y dar salidas adecuadas a las víctimas. Seguiremos luchando para desterrar la violencia de nuestros hogares y dar paz y buen ejemplo a nuestros hijos.

BIBLIOGRAFÍA

AGUSTIN, Confesiones, Sígueme, Barcelona, 1963

ANCONA, Leonardo. La Psiconalisi. La Scuola Editrice,   Brescia, 1963

BIBLIA DE JERUSALEN. Desclé de Brouwer, Bilbao, 1966

CONCILIO VATICANO II. Biblioteca de Autores Cristianos. Madrid. 1967

CONN, DENIS. Introduction to Psychology. West Publishing Co. N.Y., S.F., L.A. 1985

DIEL, PAUL. La Educación y la Reeducación. Fondo Cultura Méjico. 1962

DYER, WAYNE. Tus Zonas Erróneas. Grijalbo, S.A. Bogotá. 1994

DYER, WAYNE & VRIEND, JOHN. Counseling Tecniques. APGA Washington 1975

ERIKSON, ERIK Childhood and Society. Norton Co. N.Y. 1963

FOLEY, VINCENT D. PHD. Introduction to Family Therapy. Grune &Stratton. N.Y. 1975

FREUD, SIGMUND. Obras Completas. Editorial Biblioteca Nueva. Madrid. 1948

GAZDA, GEORGE M. Group Counseling. Allyn & Bacon. Boston. 1974

HABERT, PIERRE & MARIE. Los Secretos del Placer. Libergraf. Barcelona.1993

HAERING, BERNARD. La Ley de Cristo. Herder. Barcelona. 1963.

HAERING, BERNARD. El Matrimonio en Nuestro Tiempo. Herder. Barcelona. 1964

KÜNG, HANS. La Iglesia Católica, Breve Historia. Litografía Rosas, Barcelona.2004

LEENHARDT, F. Le Marriage Chrétien. Neuchatel. Paris. 1946

LESTAPIS, S de. Amor e Institución familiar. Desclé de Brouwer. Bilbao. 1967

MANN, TOMAS. La Montaña Mágica. El Mundo Edi. Madrid. 1999

NATHAN, PETER. Psychology and Society. McGraw Hill Co. N.Y. 1977

OFFIT, AVODAH MD. The Sexual Self. Linpincott. Philadelphia, N.Y. 1981

PIAGE, JEAN. Naturaleza y Métodos de la Epistmología. Proteo. Buenosaires 1970

PONTALIS, JB. Después de Freud. Ed. Suramenricana.Buenos Aires. 1974

ROGERS, CARL. On Becoming a Person. Hougthon Miffing Co. Boston 1961

SCANTLING DR.,SANDRA. Sex Now. Dobleday. Broadway, N.Y. 1998

SHAW, MARVIN E. The psychology of small groups, McGraw Hill.NY.1971

SCHILLEBEECKS, EDWARD. El Matrimonio. Sígueme. Salamanca. 1968

ZULETA, ESTANISLAO. Thomas Mann, La Montaña Mágica y la Llanura Prosaica. Colección Autores Nacionales. Bogotá. 1977.